Retrouvez au format poche :

François Koch

Philippe Delorme
et François Billaut

Franck Dedieu,
Emmanuel Lechypre
et François de Witt

Ce livre est destiné à tous ceux qui trouvent
les gens fascinants, déroutants ou agaçants,
mais qui souhaitent néanmoins les comprendre,
travailler et vivre avec eux.

Sommaire

Un mot sur l'auteur

Mike Leibling dirige et anime des formations individuelles ou en groupe (équipes de professionnels, dirigeants) sur le thème : « Comment s'entendre avec les gens avec lesquels on ne s'entend pas ! »

Il a travaillé pendant près de vingt ans dans le domaine de la stratégie au sein de la société Saatchi & Saatchi où il a en dernier lieu occupé le poste de directeur de la planification stratégique internationale. Dans ce cadre, il avait de nombreux clients, parmi de grandes et petites entreprises, au sein des secteurs privé ou public, et spécialisés dans le domaine des services. Il a alors été amené à consacrer de plus en plus de temps à l'animation de formations et à la direction d'activités de coaching et de conseil.

En 1995, il a fondé la société Strategy Strategy afin d'aider les personnes et les institutions à savoir réagir dans les situations difficiles, ou plus précisément à reconnaître les signes avant-coureurs de crises de manière à éviter qu'elles ne se produisent.

Il est l'auteur de *Travailler avec son pire ennemi,* dans la collection Guides Réussite chez le même éditeur.

Introduction

L'objet de ce livre est de mieux comprendre les différents types de comportements qui nous posent un problème et de savoir comment les faire changer.

On parle souvent des gens « difficiles », qualifiant ainsi une personne dans sa globalité, alors qu'en réalité seul un aspect de son comportement nous pose un problème. C'est la raison pour laquelle nous examinons ici ce que les gens « font » et non ce en quoi ils « sont » difficiles.

Je n'aime pas le concept de *gestion du stress* car ce qui est bien plus constructif, c'est *d'éviter* le stress. Lorsqu'on prend un peu de temps pour éviter qu'une situation se dégrade, on n'a pas besoin d'essayer de recoller les morceaux après coup.

Pourtant, au fil des années, j'ai pu observer comment les gens se stressent en se provoquant les uns les autres dès qu'une occasion se présente, généralement sans le vouloir, ce qui finit par mettre tout le monde mal à l'aise. J'ai aussi pu constater que certains types de comportements étonnamment proches se retrouvent souvent chez des gens qui ont pourtant vécu des choses très différentes.

C'est la raison pour laquelle j'ai écrit ce livre. Parce qu'il est bien plus facile, et bien plus efficace, de reconnaître et de réagir face à certains *types de comportements*, plutôt que de devoir gérer une nouvelle *situation* difficile à chaque fois qu'elle se présente.

Alors surtout ne vous gênez pas et servez-vous de ces « astuces » qui ont fait leurs preuves quand il s'agit de faire face à des gens « difficiles » dans des situations « difficiles », car elles s'appuient sur une véritable compréhension du comportement de ces personnes.

1

Les gens coléreux

qui peuvent aussi être agressifs, hostiles,
coupeurs de cheveux en quatre,
querelleurs, malveillants, déchaînés, intimidants,
menaçants, vicieux voire violents.

Ce qui nous met hors de nous

Il peut arriver à tout le monde de se mettre en colère, mais ce sentiment se manifeste différemment d'une personne à l'autre. Parfois cette colère est dirigée précisément contre nous ou contre ce que nous avons dit ou fait. Nous avons aussi parfois l'impression que cette colère n'a rien à voir avec nous et que nous subissons un courroux qui aurait bien pu viser quelqu'un d'autre. De plus, la colère peut avoir trois températures : elle peut être bouillante, froide ou tiède.

Mais que se passe-t-il ?

Tout le monde se met en colère un jour ou l'autre. C'est une réaction chimique due à la sécrétion de nombreuses hormones, laquelle est d'ailleurs nécessaire à notre survie. Quand les gens explosent de rage, leur réaction extérieure est la même que celle de ces substances chimiques intérieures, c'est le chaos.

Mais – et vous aurez peut-être du mal à le croire – un accès de colère ne dure que vingt secondes au maximum. Après une vingtaine de secondes, la production d'hormones commence à chuter. Alors comment se fait-il que certaines personnes semblent habitées par la colère pendant des heures, voire des jours, voire toute leur vie ? C'est parce que des pensées alimentent la production de substances chimiques. Ces personnes commencent généralement à penser aux conséquences qu'il aurait pu y avoir. Ou elles se souviennent de gens ou de situations similaires. Ou bien très souvent, elles échafaudent des plans pour se venger ! Il n'y a alors rien d'étonnant à ce que ces pensées provoquent une nouvelle production d'hormones et le cercle vicieux de la colère s'entretient de lui-même.

C'est parfois nous qui sommes à l'origine d'un accès de colère, à cause de ce que nous avons dit ou fait, que nous l'ayons voulu ou non. Mais il arrive aussi que la fureur de notre interlocuteur soit dirigée contre nous, voire contre le monde entier, sans raison apparente. On dirait alors que cette personne ne peut plus contenir sa rage et qu'elle la laisse s'exprimer à la moindre occasion. (Et chez certaines personnes n'importe quel prétexte semble une bonne occasion.)

Examinons maintenant les différents degrés de colère.

La *colère bouillante* est quasiment instantanée, souvent imprévisible et elle peut faire vraiment très peur. Certaines personnes semblent littéralement exploser et elles sont menaçantes tant elles se tiennent proches de leur interlocuteur. Elles sont tellement déchaînées qu'elles donnent l'impression d'être incontrôlables. Leurs insultes sont souvent personnellement dirigées contre leur victime et il est parfois difficile de comprendre ce qu'elles sont en train de dire tant elles hurlent et s'agitent.

La *colère froide* est le fruit d'un savant calcul. Les hormones sont revenues à un taux normal et, au calme, le cerveau met au point sa stratégie : il décide de ce qu'il va faire et réfléchit au moyen de produire le plus d'effet possible. Une colère froide peut donc vraiment faire l'effet d'une douche glacée. Le message est clair. Chaque mot est parfaitement clair. Et la volonté de faire passer ce message, de manière précise et sans aucune ambiguïté, est elle aussi si claire et délibérée qu'elle donne froid dans le dos. Enfin, contrairement à la colère bouillante qui est quasiment instantanée, la colère froide peut avoir été mûrie et préparée secrètement pendant très, très longtemps.

Quand le silence en dit plus long que les mots

L'une de mes amies dit toujours haut et fort ce qu'elle ressent et ce qu'elle pense. Son patron fait tout le contraire : il boude en silence. Un jour cette amie m'a expliqué qu'elle n'arrivait jamais à faire comprendre à son chef qu'elle était contrariée, quelle que soit son insistance à lui faire part de ses sentiments. Je lui ai suggéré d'essayer d'exprimer ce qu'elle ressentait non pas à sa manière à elle (c'est-à-dire avec des mots), mais à sa manière à lui (c'est-à-dire en silence). Le lendemain soir elle m'a téléphoné, surexcitée bien sûr. « Ça a fonctionné à merveille. La première chose que m'a demandée mon chef, c'est si j'avais passé un bon week-end. Au lieu de lui raconter tous mes problèmes comme j'ai l'habitude de le faire (ce à quoi mon chef répond invariablement "Bien !"), je me suis contentée de marmonner un bref "Oui, oui" en évitant son regard. Cinq minutes plus tard, il est revenu me voir sous un prétexte futile qu'il venait manifestement d'inventer. Je lui ai répondu quelques mots en grognant. Encore cinq minutes plus tard, il est rentré en trombe dans mon bureau et a explosé : "Mais qu'est-ce qui ne va pas ? Je ne vous ai jamais vue comme ça !" Ça a marché ! J'ai réussi à me faire comprendre en utilisant son langage (qui est tiède) et non le mien (qui est bouillant). »

La notion de *colère tiède* peut sembler paradoxale : comment la fureur pourrait-elle être « tiède » ? Un tel sentiment ne requiert-il pas impérativement une certaine *énergie*, soit impétueuse et brûlante, soit délibérément contenue et froide ? Et bien la colère tiède est aussi le fruit d'un certain calcul, mais elle met l'accent sur ce qui est le plus important, afin que le message soit simple et clair, au lieu d'être renforcé par un effet dramatique brûlant ou glacial.

Les Américains sont particulièrement doués pour cela et peuvent exprimer une colère tiède en disant par exemple calmement et sur un ton neutre : « Ce que tu as fait m'a mis très, très en colère. » Et une fois qu'ils ont dit ou fait ce qu'ils avaient prévu, ils marquent une longue pause qui donne à leur interlocuteur la possibilité de leur répondre s'il le souhaite.

Astuces pour gérer les gens coléreux

Un accès de colère bouillante donne souvent l'impression de littéralement consumer la personne concernée et il est inutile d'essayer de dire quoi que ce soit jusqu'à ce que cette dernière se calme. Dans ces cas-là, il est essentiel de ne pas se sentir personnellement visé par ses attaques, car elles risquent d'être tellement blessantes que l'on aura tendance à se replier sur soi-même. La personne qui s'est mise en colère risque alors de croire qu'on l'ignore. Face à une personne en proie à un mouvement de colère bouillante, il est fondamental de :

- Ne pas l'ignorer car elle risque de croire que vous ne comprenez pas son message et qu'elle doit donc vous envoyer des signaux encore plus forts ;
- Ne pas faire preuve de condescendance, par exemple en disant à votre interlocuteur de se calmer : on ne peut pas se calmer quand on est furieux !

- Ne pas surenchérir : si vous commencez à dire à cette personne que sa réaction vous met en colère vous aussi ou vous chagrine, vous mettez de côté ce qu'elle ressent et veut vous dire ;
- Montrer que vous avez remarqué votre interlocuteur. Il est important de le regarder dans les yeux, mais votre regard ne doit être ni agressif ni fixe !
- Reconnaître la colère de votre interlocuteur, puis l'aider à dépasser ce cap en vous concentrant sur ce qu'il faut faire pour arranger la situation qui l'a mis dans cet état.

Pour signifier à quelqu'un que l'on a bien compris sa colère, on peut lui montrer que l'on respecte sa réaction, par exemple en lui disant : « Vous avez raison. » Je vous conseille ensuite de marquer une très longue pause pour laisser à votre interlocuteur le temps de réfléchir à ce que vous venez de dire. S'il ne vous entend pas (et il semble bien que la colère nécessite tellement d'énergie qu'il n'en reste plus pour les oreilles), répétez simplement : « Vous avez raison. »

À chaque fois que j'ai prononcé ces mots, ils ont eu pour effet de désamorcer la colère de mon interlocuteur. Comme un client me l'a dit un jour : « Cela m'a vraiment fait du bien d'entendre ces mots, merci. » Quand je lui ai demandé pourquoi, il m'a répondu qu'il savait qu'il avait raison et que si moi aussi je le savais, il n'avait plus de raison d'être en colère.

Est-ce que je mens quand je dis à mon interlocuteur qu'il a raison ? Pas du tout, car je pense sincèrement qu'il a raison de ressentir ce qu'il ressent. Ce qui ne signifie pas pour autant que je ressentirais la même chose à sa place.

Quand on s'y prend mal…

L'été précédant mon entrée à l'université, j'ai travaillé comme vendeur dans un magasin de chaussures. Un samedi, l'homme le plus grand et quasiment le plus furieux que j'aie jamais vu a surgi dans la boutique, m'a saisi par le col et m'a tiré dehors. Il s'est planté devant la vitrine et a montré du doigt une paire de chaussures exposées en vitrine en disant : « Je veux ces chaussures pour ma femme. » J'ai supposé que la dame qui se tenait à quelques mètres de lui devait être son épouse et un bref coup d'œil à ses pieds m'a suffi pour voir que les chaussures exposées seraient bien trop petites. J'ai expliqué que nous mettions les plus petites pointures en vitrine pour gagner de la place, que la pointure de son épouse n'était pas la même que celle des chaussures en question, et que le responsable de la vitrine (oui, je crois que j'ai employé ces mots !) ne serait là que le lendemain… Rien n'a marché. Très vite cet homme est devenu LA personne la plus furieuse que j'aie jamais vue. Il a fini par sortir en trombe en hurlant, suivi par sa femme, muette et pâle.

M. Martin, le gérant de la boutique, est venu me voir et a très gentiment enfoncé le clou en me disant doucement : « Eh bien, je crois que vous n'auriez pas pu faire pire M. Leibling ! » Il avait absolument raison. J'avais tout essayé sauf les astuces décrites plus haut.

Comptez jusqu'à dix

Les colères froides et tièdes produisent un effet considérable car ce sont des réactions réfléchies qui font suite à une situation et à des réactions chimiques qui se sont déjà apaisées. Il n'y a donc pas d'« éléments perturbateurs » extérieurs à gérer d'urgence face à une colère froide. Je vous conseille donc de compter lentement jusqu'à 10 avant de répondre. (Le proverbe selon lequel mieux vaut tourner sa langue sept fois dans sa bouche avant de parler vient à l'esprit dans ce genre de cas.)

Quand il faut que ça sorte

Un soir j'avais été invité à dîner chez des amis. À un moment, leur petit garçon âgé de trois ans, qui avait été envoyé dans sa chambre après avoir fait une petite bêtise sans gravité, a descendu les escaliers lentement. Il s'est arrêté sur une marche, calmement, a marqué une pause, puis a regardé ses parents l'un après l'autre. Très doucement, il a dit : « Vous me rendez très malheureux », puis très, très lentement, il s'est retourné et a commencé à remonter les marches, nous laissant tous les trois avec le cœur brisé en petits morceaux.

Les principes à suivre sont toutefois exactement les mêmes que face à une colère bouillante. Si l'on reprend l'exemple du petit garçon de trois ans, ses parents auraient pu lui dire quelque chose comme : « Tu as raison. » (Pause) « Nous sommes désolés de t'avoir rendu malheureux. » (Pause) « Viens ici nous dire ce que tu voudrais que nous fassions. » (Pause) « Et nous ferons un gros câlin en t'écoutant. » Par ces mots, ils :

- montrent qu'ils ont bien compris les sentiments de leur enfant;
- expriment leur propre point de vue;
- montrent clairement qu'ils ont l'intention d'arranger la situation en écoutant ce que leur enfant veut leur dire ;
- font avancer la situation en faisant du problème un événement passé. Bien que l'enfant ait dit : « Vous me rendez très malheureux », du point de vue des parents, cet épisode appartient désormais au passé.

Astuces pour gérer les gens coléreux

Le point final

Une fois que vous avez exprimé ce qui devait l'être, taisez-vous ! Le point final vous évite de dire des bêtises, de contredire votre argument ou d'atténuer l'effet de ce que vous venez de dire. Il permet en outre à votre interlocuteur de prendre la mesure des conséquences de ce que vous venez de dire.

Les yeux dans les yeux

Si votre interlocuteur se tient debout alors que vous êtes assis, levez-vous lentement et calmement, pour le regarder en face.

Parlez plus fort

Si votre interlocuteur crie depuis un moment alors que vous avez continué de parler bas, élevez juste un tout petit peu la voix et voyez si cela vous permet de mieux vous faire entendre.

Demandez des précisions

Il peut être utile de demander à votre interlocuteur, d'un ton calme et neutre, ce qui le met en colère et ce qu'il attend exactement de vous. Vous pouvez essayer de le faire au moment où se manifeste sa colère ou un peu plus tard (surtout s'il vous a laissé planter là et s'est éloigné en martelant le sol de rage), par exemple en lui envoyant un message ou en lui téléphonant.

2

Les angoissés

qui peuvent aussi être catastrophistes, découragés, malheureux, pessimistes, tristes, effrayés, terrifiés, intimidés, piteux ou anxieux.

Ce qui nous met hors de nous

Certaines personnes semblent nées pour s'angoisser. Elles s'inquiètent sans cesse de ce qui *pourrait* mal se passer et cela tourne parfois à l'obsession, sans qu'elles soient capables de se dominer. Avoir affaire à ces gens n'a rien de plaisant, mais c'est avant tout pour eux-mêmes que cette tournure d'esprit peut devenir très, très handicapante.

Mais que se passe-t-il ?

Souvent, les gens s'inquiètent car lorsqu'ils envisagent telle ou telle situation, ils sont obsédés soit par ce qui a mal tourné dans le passé, soit par l'idée de ce qui pourrait mal se passer à l'avenir. Cette vision négative des choses est tellement réelle, imposante et écrasante qu'ils ne parviennent ni à la surmonter ni à voir les choses autrement.

Parfois, le processus mental en jeu consiste, plutôt qu'à voir une image, à entendre quelque chose (par exemple une voix qui dit : « Cela ne marchera jamais parce que... »), et ce refrain sans fin les empêche de penser autrement.

(Il arrive parfois qu'une personne ait plusieurs idées ou images à l'esprit, mais il s'agit généralement des différentes versions d'un même scénario catastrophe.)

Astuces pour gérer les angoissés

Il est capital d'aider la personne à considérer son image mentale ou sa pensée comme une possibilité parmi d'autres, plutôt que comme une issue inévitable. Vous pouvez par exemple lui demander :

- « Qu'est-ce qui vous inquiète exactement ? » Vous lui montrez ainsi que vous êtes sensible à son état d'esprit, voire à son état physique. Accordez-lui assez de temps pour qu'elle se sente suffisamment à l'aise pour vous répondre.
- « Que faut-il faire pour que cela (le scénario catastrophe) ne se produise pas ? »
- « Quels sont tous les différents obstacles/problèmes/difficultés que vous prévoyez ? » Reposez cette question jusqu'à ce que la liste soit complète. Ce processus permettra peut-être de susciter d'autres images ou pensées et donc d'atténuer l'effet de celle qui terrorise votre interlocuteur. Ce dernier commencera peut-être également à envisager d'autres possibilités, même si pour l'instant celles-ci restent négatives. Quoi qu'il en soit vous aurez peut-être l'occasion d'exploiter certaines de ces autres possibilités.
- « À votre avis, que faudrait-il faire pour que tout se passe bien ? »

- « Dans quelle mesure chacune de ces possibilités vous semble-t-elle une issue probable, en tenant compte des circonstances actuelles et non des circonstances passées ? » Cette question peut l'aider à prendre un peu de recul et à évaluer la probabilité réelle de l'événement en question, au lieu d'être paralysé rien qu'à l'idée de la catastrophe.
- « Et qu'est-ce qui pourrait bien se passer ? » Vous devrez lui accorder un long temps de réflexion, voire lui permettre de revenir vous voir plus tard avec une réponse, votre interlocuteur n'étant peut-être pas habitué à réfléchir dans une optique optimiste.

3

Ceux qui présentent des excuses

si souvent et pour tant de raisons que les autres, comme eux-mêmes, ne voient en eux que des gens penauds d'être au monde.

Ce qui nous met hors de nous

Les meilleures excuses que j'aie entendues ont été présentées un jour par mon chef à l'une de nos clientes. Une erreur de notre part avait eu des conséquences désastreuses pour elle. Mon supérieur a donc regardé cette dame dans les yeux et il lui a dit : « J'ai trois choses à vous dire. » (Pause)

L'expression catastrophée qui avait envahi le visage de la cliente a disparu et cette dernière a levé les yeux pour regarder mon chef en face. « Tout d'abord, je suis désolé. » (Pause) « Nous ne voulions pas vous mettre dans cette situation. » (Pause) « C'est entièrement de notre faute. » (Pause) « Deuxièmement, nous vous rembourserons l'intégralité des frais encourus par votre société du fait de notre erreur. » (Pause) « Nous n'avons nullement l'intention de vous faire payer nos erreurs. » (Pause) « Enfin, je suis bien conscient du fait que toute cette histoire a dû vous mettre personnellement dans l'embarras. » (Courte pause) « À qui dois-je m'adresser pour faire savoir que nous sommes les seuls fautifs ? Bien sûr, votre rôle consistait à obtenir de nous ce dont votre société avait besoin, mais vous avez fait exactement ce qu'il convenait de faire et je tiens à ce que votre chef, ou le chef de votre chef, le sache. » (Pause) La cliente a enfin repris son souffle après l'avoir retenu pendant toute cette tirade, puis elle s'est contentée de dire avec gratitude : « Merci ».

Certaines personnes font exactement le contraire. Elles ne se contentent pas de présenter des excuses, de tirer un trait sur l'affaire et de passer à autre chose. Elles insistent, insistent, et aggravent encore la situation.

Mais que se passe-t-il ?

Quand quelqu'un ne sait pas présenter ses excuses et ne cesse de rabâcher, ne faisant alors qu'aggraver la situation, non seulement son interlocuteur doit gérer l'objet de ces « excuses » quel qu'il soit, mais il peut en outre avoir le sentiment de devoir s'occuper de la personne qui est en face de lui car elle est en train de se mettre dans un état pitoyable. Il doit alors aider cette personne à reprendre le dessus sur ses émotions. Examinons ce que font les gens qui présentent *mal* leurs excuses, ce qui les entraîne dans le cercle vicieux de la contrition.

1. Ils ne se contentent pas de parler du motif pour lequel ils s'excusent, mais l'évitent justement en invoquant des raisons extérieures (par exemple « J'avais dû travailler tard et j'étais fatigué » ou « Le courrier était en retard » ou encore « D'autres personnes ont commis des erreurs »), alors qu'*au fond d'eux-mêmes* ils prennent les choses de manière très

personnelle (par exemple « Je suis idiot », « Je n'aurais pas dû faire cela » ou « J'aurais vraiment dû me douter que cela allait mal se passer »), voire sont intimement persuadés d'être une véritable catastrophe. Et tandis qu'intérieurement ils sont en train de se dire toutes ces choses négatives sur eux-mêmes, tout en se cherchant des excuses à haute voix, ils se sentent encore plus embarrassés et mettent tout le monde mal à l'aise, ce qui bien sûr ne fait qu'augmenter leur embarras.

2. Ils ne voient que ce qui a mal tourné au lieu de se concentrer sur ce qui doit être fait désormais, ce qui bien sûr aggrave leur état.
3. Enfin, ils peuvent finir par ne plus savoir quoi dire et donc remplir un silence embarrassé par des larmes ou trouver leur salut dans la fuite, mais dans un cas comme dans l'autre, ils se sentent affreusement mal.

Astuces pour gérer les gens qui présentent des excuses

Interrompez le cercle vicieux

Si quelqu'un se confond en excuses auprès de vous, faites-le sortir du cercle vicieux dans lequel il est enfermé en interrompant cette spirale. Une fois qu'il a exprimé ses regrets, changez de sujet, par exemple en disant : « Permettez-moi de vous interrompre. J'accepte vos excuses, merci. Maintenant parlons un peu des moyens de limiter les dégâts/des prochaines étapes/du sujet suivant figurant à l'ordre du jour de la réunion. »

Soyez honnête

Un truc qui fonctionne bien face à quelqu'un qui présente des excuses sans fin consiste à dire quelques phrases très courtes concernant :

- la situation ;
- la situation de votre interlocuteur ;
- votre propre situation.

Puis changer de sujet.

Je me souviens par exemple avoir un jour entendu un collègue dire à un autre : « Je suis désolé que cela te contrarie. Ce n'était pas mon intention. Pourtant ma décision est prise. Pour le bien de la société dans son ensemble. Des questions avant que l'on passe à autre chose ? » L'autre personne a alors simplement répondu : « Euh… non. Merci. » (Chaque chose avait été dite et acceptée, la question était donc réglée.)

Abordez tout de suite un autre sujet

Si vous laissez le silence s'installer, votre interlocuteur risque de se sentir obligé de le combler. Or il peut être encore sous l'emprise de ses émotions, être perdu dans ses pensées ou s'étonner de constater que ses excuses sont acceptées et mises de côté si rapidement. Essayez par exemple de dire quelque chose comme : « Alors que devons-nous faire maintenant ? » ou « Merci. Quelle est la question suivante à l'ordre du jour s'il vous plaît ? » ou encore « Et si nous allions boire un verre ensemble après le travail ? »

Lorsqu'on vous présente des excuses

- Regardez la personne dans les yeux. (Comment pourrait-elle véritablement *présenter* ses excuses si personne n'est là pour les *recevoir* ?)
- Mettez l'accent sur la suite, en demandant par exemple : « Que devons-nous faire maintenant ? » ou « Quelles leçons en avez-vous tiré pour l'avenir ? » (Après tout il s'agit de régler *une situation* et non de juger une personne.)

- Regardez à nouveau votre interlocuteur dans les yeux. Vérifiez qu'il va mieux et accordez-lui ce dont il peut avoir besoin en cet instant (par exemple la possibilité de faire une petite pause pour retrouver son calme ou sa dignité après avoir évité la scène humiliante à laquelle il s'attendait, mais qui n'aurait mené nulle part de toute façon).

4

Les gens qui ont des préjugés

qui peuvent aussi être fanatiques, étroits d'esprit, partiaux, injustes, inflexibles ou tirer des conclusions hâtives et faire des généralisations abusives.

Ce qui nous met hors de nous

Certaines personnes ont pour habitude de faire des déclarations à l'emporte-pièce en se fondant sur des généralisations abusives :

- « Tous les étrangers sont des idiots. »
- « Elle est toujours malade. »
- « Il n'acceptera jamais cela. »

Il est très difficile de pousser les personnes qui ont de tels préjugés à remettre leurs idées en question. (Oh la la, une autre généralisation abusive ! Vous voyez comme c'est facile de tomber dans le piège !)

Mais que se passe-t-il ?

Il suffit d'une fois...

Souvent, ces personnes fondent leurs opinions sur une expérience unique : il a suffi qu'un événement se produise une seule fois pour que leurs convictions soient inébranlables. Cela signifie qu'elles aiment ou détestent une chose (une proposition, un restaurant, une personne) en se fondant sur un seul fait. Moi-même j'ai tendance à faire cela : par exemple, si la première fois que je rencontre quelqu'un, cette personne a un rhume, à chaque fois que je la revois, j'ai le réflexe de lui demander avec sollicitude comment elle se porte.

Je n'aime pas la cuisine étrangère

Il y a des années de cela, j'ai emmené un ami assez âgé voir son épouse qui était à l'hôpital. En sortant, je lui ai demandé s'il souhaitait aller déjeuner quelque part. « Oui volontiers, n'importe quel restaurant fera l'affaire », m'a-t-il répondu. Alors que nous passions devant différents établissements, je lui ai proposé un restaurant indien, puis un chinois, ensuite un italien, et enfin un restaurant grec, jusqu'à ce qu'il m'aide un peu en me disant qu'il n'aimait pas la cuisine « étrangère ».

Tandis que nous étions finalement attablés devant un steak-frites, il m'a expliqué pour quelle raison il n'aimait pas « la cuisine étrangère ». Il y avait goûté une fois m'a-t-il dit, alors qu'il était soldat pendant la Seconde Guerre mondiale. Il n'avait pas du tout aimé cela, il n'avait donc jamais remangé le moindre plat « étranger » au cours des quelque cinquante années suivantes.

Voici donc un exemple qui illustre à merveille le comportement de ceux qui se font une opinion en une fois : une expérience traumatisante en temps de guerre, et une conclusion valable à vie en avait été tirée.

Quand il n'existe qu'un seul point de vue

Les idées préconçues et les préjugés sont généralement dus au fait que les gens ne considèrent les choses que d'un seul point de vue: le leur. Une telle attitude peut les amener à prendre des décisions que les autres risquent de trouver injustes, parce qu'il y a au moins deux points de vue qui sont alors complètement ignorés: celui de l'autre personne et la perception objective de la situation dans son ensemble.

Les gens qui pensent ainsi ont tendance à imposer leur vision du monde aux autres, parfois avec les meilleures intentions du monde. Aussi une personne qui a froid aux mains demandera-t-elle avec sollicitude: « Tu n'as pas froid aux mains? » ou « Tu n'as pas de gants? »

Astuces pour gérer les gens qui ont des préjugés

Quand une personne fait une déclaration à l'emporte-pièce comme « Les étrangers sont des idiots », il y a fort à parier qu'elle est vraiment convaincue de ce qu'elle dit. Si on l'interroge sur les raisons qui lui font dire cela, elle répondra probablement quelque chose comme: « Oh, j'ai rencontré un étranger une fois et il ne comprenait pas un mot de français. » (Une généralisation qui résulte des deux processus énoncés plus haut, c'est-à-dire qu'une seule expérience a suffi pour se faire une opinion, et que seul le point de vue de cette personne a été pris en compte: si quelqu'un ne comprend pas ce que je dis, c'est forcément un idiot!)

Vous pouvez alors:

- L'encourager à pousser sa réflexion un peu plus loin en lui demandant très gentiment: « Parce que...? »
- Remettre en question sa généralisation en reprenant ses propres mots sous forme de question

posée gentiment, par exemple : « *Tous* les étrangers sont des idiots ? », « Elle est *toujours* malade ? » ou « Il n'acceptera *jamais* cela ? »

Elle est alors susceptible de vous répondre quelque chose comme :

- « Oh, j'ai rencontré un étranger une fois et il ne comprenait pas un mot de français. »
- « Oh, récemment, plusieurs fois elle n'est pas venue au travail parce qu'elle était malade. »
- « Oh, il acceptera peut-être, mais je n'ai encore jamais réussi à le convaincre jusqu'à présent. »

Vous pourriez alors demander le nombre d'expériences sur lequel ces affirmations sont fondées :

- « Combien d'étrangers avez-vous rencontré pour arriver à cette conclusion ? »
- « Combien de fois a-t-elle été malade, et en combien de temps ? »
- « Combien de fois a-t-il refusé une telle proposition, et combien de fois a-t-elle été formulée ? »

Élargissez le contexte (autrement dit, élargissez l'éventail des expériences sur lesquelles se fonde votre interlocuteur), en demandant par exemple :

- « Vous pensez que les médecins, les chercheurs ou les enseignants étrangers sont plus idiots que les autres ? »
- « Quand vous souvenez-vous l'avoir vue en bonne santé ? »
- « Ne l'avez-vous jamais vu accepter quoi que ce soit ? »

La « question magique »

J'aime beaucoup cette « question magique » parce qu'elle permet d'ouvrir le débat sur le plan théorique et sans provocation: « Qu'est-ce qui pourrait remettre cette opinion en question? » (Ou bien vous pouvez vous sentir suffisamment en confiance pour la rendre plus personnelle et demander « Qu'est-ce qui pourrait vous faire changer d'avis sur la question? »)

Quelle que soit la réponse (et vous devrez peut-être accorder un certain temps de réflexion à votre interlocuteur), vous pouvez poursuivre en demandant: « Et voudriez-vous essayer de faire cela? » et/ou « De quelle aide/quels moyens auriez-vous besoin pour faire cela? »

Se mettre à la place des autres

Si une décision/généralisation/affirmation vous semble injuste ou infondée et que vous constatez que l'autre personne en est arrivée là en ne tenant compte que de son propre point de vue et non de tous les facteurs en jeu, vous parviendrez peut-être à faire évoluer sa manière de voir les choses non pas en contestant son jugement de manière agressive, mais en disant quelque chose comme: « Je comprends que de votre point de vue Z paraisse juste, mais pourriez-vous vous mettre à ma place et prendre X et Y en considération, afin que mon point de vue soit lui aussi pris en compte? »

Ensuite, après avoir marqué une pause pour permettre à votre interlocuteur d'y réfléchir, mais sans pour autant lui laisser le temps de contester, proposez-lui une solution qui vous convienne à tous deux, par exemple: « Et si je faisais A, ce qui permettrait d'obtenir X et Y comme je le souhaite, ainsi que Z, comme vous le voulez? »

5

Les irresponsables

qui rejettent toujours la faute sur autrui
ou sur les circonstances
ou qui n'acceptent tout simplement pas
d'assumer les conséquences de leurs actes.

Ce qui nous met hors de nous

« Ce n'est pas moi, c'est eux. Je vous jure. Ils se sont trompés. Je les ai prévenus mais ils n'ont pas voulu m'écouter. » Et, ainsi de suite. Cela vous dit quelque chose?

L'autre grand classique, c'est: « Ce n'est pas moi! » Ces deux types de réponses sont généralement accompagnés d'un contact visuel anormal (soit trop intense, soit fuyant, soit carrément absent) et d'une voix elle aussi anormale (chevrotante, implorante ou tendue).

On décèle souvent une certaine tension, voire de la panique, chez une personne qui fuit les responsabilités, que sa stratégie consiste à en parler sans fin ou juste à les nier. Il faut donc savoir gérer sa panique et ses dénégations en plus du problème.

Mais que se passe-t-il ?

Souvent les gens se défaussent car ils ne parviennent ni à accepter la responsabilité de ce qu'ils ont fait ni à présenter des excuses. Peut-être se remettent-ils en question personnellement lorsqu'ils commettent une erreur, ainsi, au lieu de se dire tout simplement « Je me suis trompé », ils ajoutent automatiquement « ... Ce qui prouve encore une fois que je suis idiot. » Peut-être ces gens ont-ils été sanctionnés par le passé pour avoir commis des erreurs, c'est pourquoi ils évitent tout nouveau risque de sanction. Peut-être leur a-t-on dit que c'était un signe de faiblesse de présenter des excuses ou d'endosser la responsabilité d'une faute. Quelles que soient ses raisons ou son origine, leur comportement irresponsable ressemble à un réflexe.

Astuces pour gérer les irresponsables

Changer les mentalités

Quel que soit le type d'institution ou de groupe auquel on a affaire (une équipe, une société, un hôpital, un établissement scolaire, une famille, etc.), l'essentiel est d'instaurer un climat rassurant qui permette à chacun d'assumer ses responsabilités sans faire l'objet de remontrances. Cela n'a rien de difficile si l'on se concentre sur l'avenir et qu'on laisse les personnes (c'est-à-dire elles, en tant qu'individus) et leurs sentiments de côté. Cette conception des choses surprendra voire choquera peut être les gens qui sont habitués aux reproches et aux sanctions, alors soyez prêt à leur accorder un peu de temps pour qu'ils s'y fassent. Comment faire pour changer les mentalités et bannir les reproches ? Voici quelques stratégies qui ont fait leurs preuves :

- Mettez fin aux protestations, en interrompant la personne si nécessaire. Empêchez-la de rejeter la faute, quelle que soit la manière dont elle s'y prend.

- Mettez l'accent sur l'avenir et sur ce qui doit être fait désormais.
- Essayez de dire : « Oubliez ce qui s'est passé. Quel est précisément notre objectif ? »
- Vous devrez peut-être donner un peu de temps à votre interlocuteur pour qu'il soit en mesure de vous répondre sur ce dernier point. Une fois que l'objectif aura été défini précisément, vous pourrez vous entendre avec lui sur la stratégie qui permettra de l'atteindre, sur l'identité de la personne qui s'en chargera, sur les délais et sur les ressources et outils mis à sa disposition.
- Apprendre grâce à la réflexion : veillez à ce que toutes les personnes concernées mènent une réflexion sur ce qu'elles doivent changer dans leur attitude, à la lumière des enseignements tirés de cette expérience. Pour certaines personnes, mieux vaudra effectuer cette démarche individuellement. Pour d'autres faisant partie d'un groupe ou d'une équipe, une réflexion menée en commun sera plus profitable. Associer les deux démarches peut aussi être une bonne idée. (Non seulement le processus de réflexion permet à chacun de tirer tous les enseignements possibles de l'expérience, aux niveaux individuel et collectif, mais il montre en outre que la logique de sanction n'est pas nécessairement le meilleur mode de fonctionnement.)

Quand tout est de la faute des autres

Un jour, j'animais un atelier intitulé « Comment faire face aux situations auxquelles vous ne savez pas faire face » et, au tout début de la journée, j'ai demandé aux participants ce qu'ils attendaient de cet atelier. Sur la centaine de personnes qui se trouvaient là, quelques-unes se sont levées et ont expliqué les raisons de leur présence, quand tout à coup, un homme s'est dressé, a tapé du poing sur sa table et a explosé : « J'en ai marre de ma situation ! Je déteste mon boulot, je déteste mes collègues et je veux que tout cela change. » Son intervention a provoqué un silence stupéfait.

À la fin de la journée, j'ai demandé si quelqu'un avait quelque chose à dire aux autres participants, notre ami s'est alors levé et a expliqué d'un ton songeur : « J'ai dit ce matin que je voulais que ma situation change et cette journée ne m'a pas aidé dans cette voie, mais ça n'a plus vraiment d'importance... » On entendait les mouches voler tandis que tout le monde attendait la suite. « Je me suis rendu compte que je ne peux pas changer ma situation, a-t-il continué, mais que si *je* change dans ma situation, alors (longue pause) ma situation aura changé elle aussi ! » et il s'est rassis sur sa chaise, l'air toujours aussi songeur. Cet homme a pris conscience du fait qu'il est capital d'assumer ses responsabilités, ce qui a considérablement modifié son attitude. C'en était fini de son agressivité envers le monde entier. De plus, il disposait désormais des outils nécessaires pour changer, non pas en tant que personne, mais du point de vue de son comportement.

6

Les raseurs

qui peuvent aussi jacasser, digresser, radoter,
se perdre dans leurs discours ou parler pour ne rien dire.

Ce qui nous met hors de nous

En viennent-ils directement au fait? Leurs conversations vous intéressent-elles? Avez-vous hâte de les revoir? Avez-vous le cœur serré rien qu'en pensant à eux? Et les voilà qui parlent, qui parlent, mais sans avoir vraiment quoi que ce soit à dire, tandis que les autres attendent en se tournant les pouces, en se demandant quand ils vont en venir au fait, pendant qu'eux, oh, vous voyez ce que je veux dire, jacassent sans s'arrêter et – oh, au fait, se permettent une petite digression par-ci par-là, et puis très souvent s'interrompent et se demandent à haute voix: « Ah, où en étais-je déjà? »

Quelle perte de temps, d'énergie et d'attention! De plus, ces gens qui finissent par être classés dans la catégorie des raseurs risquent de voir leurs compétences largement sous-estimées. Dans l'une des sociétés où j'ai travaillé, une collègue était surnommée « l'anesthésiste ». Quand j'ai demandé pourquoi, on m'a répondu qu'elle avait le pouvoir d'endormir tout le monde dès qu'elle ouvrait la bouche!

Mais que se passe-t-il ?

Plusieurs raisons expliquent ce genre de comportement :

- Certaines personnes ont tout simplement besoin de réfléchir à haute voix et tant qu'elles n'ont pas entendu ce qu'elles ont à dire, elles ne savent pas vraiment ce qu'elles pensent. (Ce qui peut être éreintant pour les autres !)
- D'autres n'ont tout simplement pas préparé « à l'intérieur » ce qu'elles veulent transmettre « à l'extérieur ». Elles ne savent pas très bien ce qu'elles essaient de dire, car elles ne se sont pas suffisamment préparées, c'est pourquoi elles doivent réfléchir en pleine réunion. Cette attitude met la personne concernée sous pression tout en faisant perdre son temps aux autres.
- D'autres encore sont des personnes attachées au détail et dénuées d'esprit de synthèse, c'est pourquoi elles additionnent les détails jusqu'à ce qu'il n'y en ait plus à mentionner.
- Enfin, d'autres sont persuadées d'être créatives car elles recherchent toutes les possibilités offertes par chaque cas de figure.
- La plupart des raseurs ne regardent pas leur auditoire en face, mais se concentrent sur le sol ou le plafond car ils ne sont pas prêts à parler et pensent à haute voix. (Cela les empêche dans une certaine mesure de prendre conscience du fait qu'ils ennuient tout le monde et donc de modifier leur comportement.) Il leur arrive cependant au contraire, de fixer les gens à qui ils s'adressent car ils se rendent compte qu'ils sont en train de penser à voix haute, ils essaient alors de compenser la vacuité de leurs propos par l'intensité de leur

regard. Parfois, lorsqu'ils comprennent qu'ils assomment leur auditoire, leur embarras aggrave encore les choses. Il leur arrive par exemple de parler encore plus vite (ce qui rend leurs propos non seulement ennuyeux mais en plus *incompréhensibles*), de parler encore plus fort (ce qui les rend ennuyeux tout en mettant les gens *mal à l'aise*), de se justifier encore et encore (ce qui est ennuyeux et *répétitif*) ou d'entrer encore plus dans les détails (ce qui est ennuyeux et *déroutant*).

Astuces pour gérer les raseurs

Quel que soit leur « style », tous les raseurs ont une chose en commun : ils ne remarquent pas l'effet qu'ils produisent sur les autres jusqu'à ce qu'il soit trop tard. À ce moment-là, paniqués, ils se disent : « Mais de quoi suis-je en train de parler ? Où est-ce que je veux en venir exactement ? Par pitié, AIDEZ-MOI ! »

Assez !

Si vous vous ennuyez, dites-le, mais gentiment. Assumez la responsabilité de votre ennui au lieu de rejeter la faute sur votre interlocuteur. Dites par exemple : « Je dois vous interrompre car je me sens perdu au milieu de tous ces détails », « Puis-je vous rappeler que nous nous sommes entendus sur votre proposition il y a quelques minutes de cela ? Je crois que nous avons fait le tour de la question », « J'ai besoin d'une pause, il y a beaucoup d'éléments à prendre en compte et je n'arrive plus à me concentrer ».

La première chose à faire consiste à regarder la personne qui parle dans les yeux et à l'arrêter (c'est-à-dire lui venir en aide) fermement, mais avec douceur. L'appeler par son prénom en marquant ensuite une petite pause est généralement simple et efficace.

L'étape suivante consiste à lui venir en aide gentiment en :

1. Faisant le point sur la situation,
2. Indiquant dans quelle direction poursuivre. Par exemple : « Michel. (Pause) Je ne suis pas sûr de comprendre où vous voulez en venir. » (Pause, pendant que Michel, reconnaissant, s'interrompt.) « Auriez-vous besoin de quelques minutes pour réfléchir aux points essentiels que vous souhaitez nous exposer ? » (La proposition – qui est aussi une instruction – est une manière d'aider Michel à se concentrer sur l'essentiel.)

Vous pouvez également dire plus précisément à la personne ce que vous attendez d'elle. Par exemple : « Nous n'avons besoin que de savoir quelles seraient vos principales recommandations, en deux ou trois phrases » ou « Laissons les détails de côté pour l'instant et venons-en aux points-clés s'il vous plaît » ou simplement, en toute honnêteté : « Je ne suis pas sûr que nous ayons assez de temps à consacrer à cet aspect. Voudriez-vous nous faire parvenir l'ensemble de votre présentation par courrier électronique après la réunion, afin que nous puissions en prendre connaissance pour la prochaine fois ? »

Soyez clair et dites précisément à votre interlocuteur ce que vous attendez de lui, par exemple : « Pourriez-vous s'il vous plaît juste nous faire part de vos recommandations ? Nous partons du principe que votre raisonnement est le bon et nous vous poserons nos questions si nous en avons » ou « Pourriez-vous nous expliquer en un mot... ? » ou encore « Faisons une petite pause, nous consacrerons ensuite cinq petites minutes de plus à cet aspect des choses. »

Cependant, la meilleure stratégie consiste à ne pas laisser à votre interlocuteur une seule chance de vous assommer avec ses discours. Pour ma part, je précise toujours à l'avance – à mon conseiller financier, à un collègue qui fait une présentation, à un commercial, etc. – ce que j'attends de lui. Je dis par exemple : « Pouvez-vous commencer par synthétiser la situation/me dire quels sont les enjeux principaux en quelques mots ? Je vous poserai ensuite toutes mes questions » ou encore « Mon cerveau ne retient aucun détail s'il ne sait pas quoi en faire. Commencer par m'exposer vos conclusions et recommandations finales ».

L'ordre du jour

J'ai pour habitude, avant une réunion, de demander aux participants d'estimer le temps dont ils auront besoin pour traiter chaque question inscrite à l'ordre du jour, ainsi je sais à quelle heure chaque point doit être abordé et combien de temps la réunion doit durer.

Procéder ainsi nous permet de nous entendre à l'avance sur le niveau de précisions 1) qu'ils ont besoin de donner ; et 2) que nous devons subir – pardon – entendre. En outre, cela permet de s'entendre au préalable sur le contenu précis de la réunion, ainsi toute question dont l'examen risque de prendre trop de temps peut être mise de côté et faire l'objet d'une autre réunion par exemple. De la même manière, je me renseigne toujours pour savoir dans quelle mesure un article doit être détaillé, afin d'éviter de rédiger un texte trop long.

Enfin, et c'est un aspect très important pour moi, je n'assiste jamais à une réunion dans son intégralité si ma présence n'est pas requise tout le temps. Je m'organise donc de façon à ce que les points qui m'intéressent soient regroupés. Ainsi :

- Je n'ai pas à entrer et sortir sans arrêt de la pièce.
- Je ne m'ennuie pas en assistant à des discussions qui ne me concernent pas.

Moi aussi

Un ami psychothérapeute m'a un jour fait part d'une anecdote qui laissait toujours tout le monde ébahi lorsqu'il la racontait. Elle montre à quel point il peut être utile d'admettre que l'on s'ennuie, car à partir de là, il est possible de changer les choses. Cet ami était dans son cabinet avec un client qui lui parlait et il ne parvenait tout simplement pas à garder les yeux ouverts. Finalement, après avoir gesticulé sur sa chaise, s'être levé pour marcher, avoir bu un verre d'eau, avoir pris une petite pause, sans qu'aucun de ces « trucs » n'ait réussi à raviver son intérêt, il a dit à son client : « Je m'ennuie et je n'arrive pas à me concentrer. C'est moi ou vous aussi vous ressentez la même chose ? »

Le client a alors semblé à la fois surpris et soulagé. « Oui, oui, je ressens la même chose, et merci beaucoup de le faire remarquer, parce que j'ai constaté que je produisais souvent cet effet sur les gens, mais personne n'ayant jamais eu le courage de me le dire, je n'ai jamais osé soulever le problème moi-même et... » Mon ami l'a alors interrompu et lui a proposé de faire une pause, après laquelle ils pourraient se retrouver pour discuter de ce qu'il convenait de faire pour arranger les choses.

C'est souvent en explicitant ce qui semble évident que l'on met le doigt sur les véritables problèmes.

7

Les tyrans

qui peuvent aussi avoir pour habitude d'intimider et de persécuter ou encore être agressifs, méprisants, grandiloquents, autoritaires, despotiques, pompeux, dominateurs, oppressants, insistants, menaçants ou tout simplement méchants voire tout cela à la fois.

Ce qui nous met hors de nous

Il faut bien dire les choses telles qu'elles sont : personne n'aime être malmené. Ce n'est pas une question de maturité : le fait d'être « adulte » n'empêche personne de se sentir humilié, mis de côté, ignoré, etc., au point d'en être profondément blessé.

Et la blessure ne guérit jamais tout à fait. Je suis sûr que nous pouvons tous nous souvenir d'une personne qui nous a malmenés, physiquement ou psychologiquement, récemment ou il y a des années de cela, et ce souvenir suffit à nous faire ressentir de la rancœur et de l'amertume.

Mais que se passe-t-il ?

Il n'est pas question ici de taquineries entre amis qui restent agréables, inoffensives et acceptables pour tout le monde. Il est question de comportements qui vont trop loin et qui, pour au moins l'une des personnes concernées, sont désagréables, blessants et inacceptables. Ces comportements consistent à malmener l'autre verbalement, physiquement et/ou psychologiquement.

La plupart des « tyrans » agissent de la sorte parce qu'ils ne se sentent « forts » (ou « importants » ou « exister ») que, lorsqu'à cause d'eux, les autres se sentent « faibles ». Et, bien que cela ne soit en rien une excuse, celui qui brusque les autres est souvent quelqu'un qui est ou qui a été malmené, aussi ne connaît-il que ce moyen de gagner un peu d'amour-propre pour lui-même. Il peut s'y prendre de diverses manières :

- En étant violent physiquement.
- En menaçant de devenir violent.
- En harcelant psychologiquement sa victime afin qu'elle se sente vulnérable, par exemple en la menaçant de lui nuire : « Vous ne voudriez pas que le patron pense que vous n'êtes pas à la hauteur? »
- En attaquant personnellement sa victime. Par exemple, au lieu de dire : « Vous avez manqué d'assurance lors de cette présentation? Comment pourriez-vous vous y prendre la prochaine fois? », il dit plutôt : « Cette fois encore vous avez montré à tout le monde que vous êtes vraiment nul face à un auditoire. »

Astuces pour gérer les tyrans

Vous devez (et c'est l'une des rares fois où je vous dirai que vous « devez » faire quelque chose) parler à *au moins* une personne de ce qui vous arrive. Peu importe à qui vous choisissez d'en parler du moment que c'est une personne de confiance, même s'il est peut-être préférable qu'elle soit parfaitement étrangère au milieu où se pose votre problème. Il faut qu'au moins une personne extérieure soit là pour vous. Après tout, il n'y a qu'une chose qui soit pire que d'être la victime d'un tyran: c'est d'être la victime d'un tyran et d'être seul.

Ce qu'il pense de moi n'a rien à voir avec qui je suis

Pour vous protéger, quelle que soit la personne et quel que soit ce qu'elle vous dit sur ce que vous « êtes » ou « n'êtes pas » (et peu importe la violence avec laquelle ces propos sont proférés), il est indispensable que vous vous rappeliez que tout cela:

- N'est que son opinion;
- Est fondé sur ce que vous avez dit ou fait;
- Ne vous définit pas en tant que personne;
- Et que vous pouvez facilement dire ou faire autre chose *si* vous le voulez.

Une vitre qui vous protège

Je connaissais une jeune fille qui, dès qu'elle se sentait attaquée injustement, avait l'habitude d'élever une grande vitre incassable entre elle et celui qui essayait de l'intimider. Elle m'avait expliqué qu'ainsi elle pouvait parfaitement voir et entendre son interlocuteur, mais que tout ce qu'il disait restait de l'autre côté de la vitre sans « l'atteindre ». Elle pouvait donc écouter et répondre calmement sans se sentir mal à l'aise comme il l'espérait.

J'ai enseigné ce truc à de nombreuses personnes et je suis impressionné par la diversité des vitres de protection que ces gens se sont fabriquées :

- Certaines sont courbées en haut et protègent leur tête car on ne sait jamais ce qui pourrait leur tomber dessus.
- Certaines forment un cercle tout autour d'eux parce que « les gens ont tendance à vouloir vous poignarder dans le dos ».
- Certaines sont épaisses comme les murs d'une forteresse « pour se sentir à l'abri quels que soient les projectiles que l'on essaie d'envoyer ».
- Certaines sont équipées d'une télécommande « qui permet de décider de ce que l'on veut voir ou entendre pour ne pas se laisser impressionner et garder le contrôle de soi-même ».

Tout ce qui marche est bon à prendre ! Voilà un moyen facile, bon marché et amusant de se protéger.

Pensez à la prochaine fois

Posez à cette personne une question concrète (et non personnelle) comme par exemple : « Et comment pensez-vous que je devrais m'y prendre la prochaine fois ? » en gardant à l'esprit qu'ainsi vous :

- L'invitez à vous donner son avis, ce qui lui montre que vous l'avez entendue ;
- Recadrez la discussion sur ce que vous pourriez dire ou faire, au lieu d'en rester à des considérations d'ordre « personnel » ;
- L'encouragez à penser à l'avenir de manière constructive et non à revenir sur le passé de manière destructrice ;
- Disposerez de conseils utiles que vous ne serez pas obligé de suivre aveuglément mais auxquels vous pourrez réfléchir.

Ensuite, et cela vous semblera peut-être un peu bizarre, remerciez votre interlocuteur pour ses suggestions et dites-lui que vous allez y penser (car il se pourrait que certaines de ses idées vous soient bien utiles).

La conversation peut ainsi se poursuivre, mais c'est vous qui tenez les rênes, pas lui. Vous lui avez montré que vous ne le craignez pas et que vous êtes prêt à discuter d'égal à égal (or cela fait peut-être très, très longtemps que personne n'a réagi comme cela avec lui ni ne lui a montré que c'était possible).

Poursuivez le dialogue

Un peu plus tard, retournez le voir pour lui parler de ses suggestions et formulez-en quelques-unes vous-mêmes. Vous lui montrerez ainsi que vous respectez ses idées (faute de respecter son comportement initial !) et vous lui apporterez exactement ce dont n'importe quel « tyran » a besoin : le sentiment d'être remarqué et pris en compte, ainsi que la satisfaction de se sentir vraiment utile.

La loi à la rescousse

Il est également possible d'adopter une démarche radicalement différente en lançant une procédure selon les termes fixés par la loi ou par les règles en vigueur au sein de la société où vous travaillez, afin d'aboutir à des mesures disciplinaires. Vous disposerez dans ce cas de l'aide de votre supérieur hiérarchique et/ou de celle de votre syndicat ou de votre représentant du personnel. (Vous pouvez aussi vous adresser au supérieur hiérarchique de votre supérieur si ce dernier est à l'origine du problème.) Il existe, dans la plupart des pays, des procédures à suivre en cas de harcèlement ainsi que/ou des lois protégeant les personnes sur leur lieu de travail. Nous sommes tous en droit d'exiger de faire notre travail sans craindre d'être brutalisé, menacé ou harcelé.

Il faut malheureusement souligner que quiconque se dirige dans cette voie court le risque de passer pour un « mouchard » ou tout simplement pour quelqu'un qui ne sait pas se défendre tout seul, c'est pourquoi il convient de bien réfléchir avant de se lancer dans ces procédures formelles.

L'union fait pourtant bel et bien la force et si votre syndicat ou votre représentant du personnel – ou même vos collègues – veulent bien vous épauler, une démarche commune auprès de celui qui vous malmène peut s'avérer très fructueuse. *Il ne s'agit pas* de le menacer, car vous risqueriez très vite de perdre le contrôle de la situation, mais de parler, à un moment opportun, du problème que pose son comportement et d'envisager ensemble des solutions pour y remédier. Rien ne vous empêche de proposer à cette personne de suivre une formation et de recevoir l'aide d'un professionnel pour changer de comportement.

Quoi/Comment

On a aussi parfois l'impression d'être manipulé, de se faire forcer la main quand un supérieur dit systématiquement non seulement ce qui doit être fait, mais aussi *comment* cela doit être fait. Par exemple : « J'ai besoin, pour vendredi midi, d'un rapport sur X, vous devrez donc appeler telle personne, aller voir telle autre et faire des tableaux pour indiquer les résultats. »

Le fait est qu'il serait peut-être possible de procéder autrement, d'une manière plus simple et plus rapide. Mais on se sent facilement « obligé » de faire les choses en suivant les instructions que l'on a reçues, au lieu de se débrouiller à sa façon. Il ne s'agit évidemment pas de persécution à proprement parler, mais les gens peuvent se sentir vraiment humiliés et rabaissés quand ils doivent continuellement venir voir leur supérieur ou un collègue pour lui demander comment ils doivent s'y prendre exactement pour mener à bien la tâche qui leur a été confiée.

Quoi/Comment

Un jour j'ai vu un jeune collègue sortir en tremblant du bureau de son supérieur. « Il m'a dit de faire X, Y et Z pour mardi après-midi mais je ne sais pas comment faire ! »

Je lui ai fait remarquer que, d'après ce que j'avais pu entendre, on ne lui avait demandé que de faire X, mais que Y et Z étaient les manières dont son supérieur s'y serait pris lui-même. J'ai donc suggéré à ce jeune homme impressionnable de réfléchir à la manière dont lui-même pensait pouvoir aboutir à X, puis d'aller vérifier auprès de son supérieur si cela lui convenait.

Il a donc réfléchi, puis il est retourné voir son chef et lui a dit : « Je voudrais juste vérifier avant de commencer que ce que vous voulez c'est que je vous présente X pour mardi après-midi. Vous m'avez proposé de procéder en faisant Y et Z, mais je ne sais pas comment m'y prendre. Accepteriez-vous que je fasse plutôt A et B pour aboutir au même résultat ? » Et après avoir marqué une courte pause pour réfléchir, son chef lui a simplement répondu : « Mais oui, bien sûr. »

À moins qu'une procédure précise doive *absolument* être suivie – pour des raisons de sécurité par exemple – la plupart des gens n'accordent guère d'importance à *la manière* dont on fait les choses.

Les mots blessent aussi

Certains prétendent que « les mots ne sont que des mots » et que l'on peut les ignorer. Je n'ai qu'une chose à dire : c'est n'importe quoi ! Les tentatives d'intimidation par les mots, les humiliations, l'agressivité verbale – peu importe comment on appelle ces comportements – le fait est qu'ils peuvent ébranler un individu et le blesser très profondément.

Pour réagir de manière positive, dites-vous que les insultes vous ont peut-être visé personnellement, mais que vous pouvez choisir de ne pas vous laisser faire. Pour réduire à néant les mauvaises intentions de celui qui vous agresse verbalement, vous pouvez par exemple lui répondre : « Et où exactement voulez-vous en venir ? » ou « Et donc vous me demandez… quoi exactement ? »

8

Ceux qui sont hermétiques au changement

qui ne prennent jamais le moindre risque, qui ne tentent jamais rien, qui n'ont aucune imagination, qui peuvent aussi être réactionnaires, inflexibles ou qui sont juste calmes et patients.

Ce qui nous met hors de nous

Certaines personnes sont terrifiées rien qu'à l'évocation d'un éventuel changement à venir. Le fait est que le mot « changement » peut provoquer une véritable panique. Les gens se renferment alors sur eux-mêmes et s'inquiètent en pensant au pire des scénarios qui pourrait se produire.

Or notre vie étant de plus en plus exposée aux bouleversements, la résistance aux changements doit être gérée.

Mais que se passe-t-il ?

Les gens pour lesquels tout changement est forcément négatif ne pensent généralement pas à la possibilité d'obtenir une augmentation de salaire ou de se voir offrir un beau cadeau d'anniversaire, ni à d'autres choses nouvelles et positives. Pour eux, le mot « changement » lui-même est négatif. Ils ont alors tendance à se fermer, à refuser d'envisager les différentes possibilités, car ils sont trop occupés à être terrifiés au fond d'eux-mêmes et à revivre mentalement les désastres qu'ils ont vécus par le passé et qui – s'imaginent-ils – pourraient bien se produire de nouveau.

Comme d'habitude !

Un jour je parlais à un chauffeur de taxi d'une grève récente des conducteurs de bus, et je lui demandais dans quelle mesure cela avait eu un effet sur son activité. Alors que je m'attendais à ce qu'il se déclare heureux d'avoir vu sa clientèle se multiplier en l'absence de bus, sa réaction a été complètement différente !

« Je déteste les grèves ! s'est-il écrié. Les clients ne cessent de se plaindre quand je prends des raccourcis pour éviter les bouchons provoqués par les gens qui prennent leur voiture au lieu de prendre le bus. Ils sont complètement stressés et veulent que je suive exactement l'itinéraire de leur bus habituel ! »

Il est bien entendu naturel de se sentir un peu inquiet quand quelque chose change, quand on prend un risque ou quand on se dirige vers l'inconnu, puisque notre niveau d'adrénaline augmente pour que nous soyons justement capables de faire face à la situation. Cette « inquiétude » est, je le répète, tout à fait normale. Cependant, chez certains, elle se transforme en une véritable phobie. Rien qu'à l'idée que quelque chose puisse changer, ces gens ont l'impression de vivre les scénarios catastrophe qu'ils imaginent ou revivent des épisodes passés douloureux. Ces idées les obsèdent et ils ne sont pas capables de les maîtriser.

En fait, pour de nombreuses personnes, plus le laps de temps qui va s'écouler entre l'annonce du changement et le changement lui-même est long, plus une légère inquiétude risque de virer à la phobie. En effet, cela ne fait que leur donner du temps en plus pour imaginer ce qu'il pourrait se passer (c'est-à-dire « le pire » bien évidemment).

Astuces pour gérer les gens qui sont hermétiques au changement

Les gens qui détestent les changements ou qui ne veulent prendre aucun risque ne sont pas délibérément contre le progrès. C'est juste qu'ils sont tellement obsédés par le souvenir d'événements passés douloureux qu'ils ne peuvent pas envisager de sortir d'une routine rassurante.

Le changement c'est...

Le petit exercice suivant est très révélateur, n'hésitez pas à le faire faire à vos proches ou à le faire vous-même. Il s'agit simplement de compléter les quatre phrases suivantes, sans réfléchir, en notant la première chose qui vous passe par la tête. :

- Le changement, c'est...
- Le changement, ce n'est pas...
- Si seulement les changements étaient plus...
- Si seulement les changements étaient moins...

Les gens qui ont peur du changement formuleront sans doute des phrases qui traduiront leurs angoisses comme par exemple :

- Le changement, c'est effrayant.
- Le changement, ce n'est pas sans danger.
- Si seulement les changements étaient plus rares.
- Si seulement les changements étaient moins perturbants.

Un peu de respect
Commencez par leur montrer que vous comprenez leurs inquiétudes ou leurs phobies, par exemple en disant: «Vous avez peut-être vécu des expériences horribles dues à des changements dans le passé, alors qu'ils avaient parfois été présentés comme des "progrès" ou de "nouvelles chances", mais je voudrais que vous mettiez ces expériences passées de côté et que vous envisagiez tous les cas de figure possibles, négatifs et positifs, si nous procédions autrement. »

Aller au-devant des problèmes
Vous pouvez également choisir d'affronter directement les problèmes et d'aller au-delà de leur crainte générale du changement en leur demandant: « Et qu'est-ce qui est effrayant dans tout cela exactement, point par point? Réfléchissons à chaque aspect et trouvons des solutions, d'accord? »

Vous pouvez ensuite demander: « Et que pourrions-nous faire pour rendre la situation moins effrayante? » Vous pourriez faire cela en petits groupes, afin de multiplier les idées et pour que chacun se sente moins sur la sellette que dans le cadre d'un entretien en tête-à-tête.

Savoir dire non au changement
Parfois, pas toujours, mais parfois, ces personnes pourraient bien avoir raison. Un changement, même avec les meilleures intentions du monde, peut ne rien apporter du tout et il ne faut pas succomber à la tentation de jeter le bébé avec l'eau du bain. (Je me souviens d'ailleurs d'une vieille publicité pour une marque de bière. Le slogan était le suivant: « Vous en avez assez de boire toujours la même bière? Non. Nous non plus! »)

9

Les charmeurs

qui peuvent aussi être attirants, charismatiques, séducteurs, hypocrites, mielleux, obséquieux, voire tout cela à la fois.

Ce qui nous met hors de nous

Il n'y a pas de mal à se montrer agréable et à faire les choses avec politesse, chaleur, considération pour les autres, etc. Pourtant, certaines personnes usent systématiquement et à tout propos de leur charme pour parvenir à leurs fins et se sortir de tous les mauvais pas. Ils laissent les autres se débrouiller avec les problèmes qu'ils ont semés et feignent éventuellement la surprise quand on leur parle des dégâts ou de la peine qu'ils ont causés. Ils peuvent aussi être sincèrement étonnés, tant leur comportement est devenu automatique.

Mais que se passe-t-il ?

Les gens que les autres trouvent « attirants » ont généralement du charme et du charisme. Et les personnes qu'ils attirent, pour quelque raison que ce soit, ont donc envie de « faire leur connaissance ». Avez-vous déjà remarqué que ces gens « attirants » entament rarement une vraie conversation, et n'ont guère à le faire d'ailleurs ? C'est parce qu'ils ont l'habitude que les autres viennent vers eux. C'est aussi la principale raison pour laquelle les personnes « attirantes » peuvent prendre l'habitude de dire ou faire quasiment n'importe quoi et de s'en tirer ! Les plus habiles sont tout à fait conscientes du pouvoir que cela leur donne, tout comme elles sont conscientes de la possibilité d'user de ce pouvoir. Les autres sont simplement heureuses de l'attention, voire de l'adulation dont elles sont l'objet, sans se soucier des conséquences auxquelles elles ne pensent que rarement de toute façon puisqu'elles sont déjà en train de recevoir l'hommage de leur admirateur suivant !

Revenons aux charmeurs. Leur arrive-t-il d'entamer une véritable conversation ? Eh bien pas vraiment. Ils peuvent par exemple « lancer » une formule toute faite comme : « Alors, parlez-moi de vous » ou « Que pouvons-nous faire pour vous ? », mais leur but est alors d'apprendre des choses sur leur interlocuteur, pour s'en servir plus tard. C'est comme cela qu'ils prennent l'habitude de dire tout simplement ce qu'ils pensent devoir plaire à leur interlocuteur.

Ils risquent bien ensuite de lui promettre ciel et terre, pour que le charme ne soit pas rompu, même si c'est la responsabilité d'autrui qu'ils engagent. Dans le cadre de leur activité professionnelle, ils peuvent avoir tendance à faire des promesses que leur société ne pourra pas tenir.

Si vous leur reprochez cela, par exemple en disant : « Mais enfin Patrick, comment as-tu pu promettre que nous ferions X ? », vous vous entendrez répondre en toute innocence : « Mais j'ai pensé que c'était ce qu'ils voulaient. » Et vous savez ce qui est le plus énervant : Patrick a probablement raison ! Des années d'usage de son charme lui ont permis de développer une capacité hors du commun pour savoir ce que les autres veulent ou, au moins, ce qu'ils veulent entendre.

Souvent les hommes politiques et les dirigeants d'entreprise sont très forts quand il s'agit d'user de leur charme. En fait c'est même là leur principal talent et cela ne pose aucun problème tant qu'ils ont une équipe à leurs côtés pour s'occuper des détails. Rappelez-vous le prince charmant : on ne lui demandait que d'être charmant et manifestement il était très doué pour cela, mais ce que l'on sait moins, c'est qu'il laissait à d'autres le soin de gérer les affaires du palais !

Astuces pour gérer les charmeurs

Le charme, ça sert toujours

Reprenons l'exemple du prince charmant : c'est l'illustration parfaite du charmeur et il n'a résolument pas été élevé pour devenir un prince de l'esprit d'équipe. Pour un charmeur, être charmant est parfaitement naturel. Vous n'arriverez donc à rien en essayant de :

- Lui inculquer l'esprit d'équipe ;
- Lui demander d'anticiper les conséquences de ses actes ;
- Lui imposer de vérifier auprès des autres avant de s'engager ;
- Lui laisser entendre que ce sera à lui de tenir ses promesses.

Exploitez l'atout du charmeur, à savoir sa capacité à découvrir ce que les autres veulent vraiment en les envoûtant avec son charme. Envoyez-le en première ligne face à l'inconnu, à l'insondable. Envoyez-le consoler une personne triste, qui a perdu ses illusions ou qui ne croit plus en rien. Obtenez de lui qu'il vous dise ce qu'il a appris. Cela vous sera peut-être difficile au début, mais avec un peu d'entraînement vous y arriverez (plutôt devant un verre dans un cadre informel que de manière directe au travail).

Il faut donc accepter le fait qu'un charmeur sait séduire et que vous devrez peut-être présenter des excuses suite à ses promesses mirobolantes, mais n'oubliez pas que son intervention aura très largement joué en votre faveur car la personne qui est tombée sous son charme est désormais très bien disposée à votre égard. (Eh oui, vous avez raison, certaines personnes verront tout de suite clair dans votre jeu et vous accorderont un certain crédit pour votre ingéniosité, mais elles ne tomberont pas dans le piège et ne se laisseront pas séduire. Mais puisque de toute façon vous ne pouviez pas savoir à quoi vous attendre avec elles, vous n'avez rien perdu en essayant cette stratégie, n'est-ce pas ?)

10

Les gens froids

qui peuvent aussi être insensibles, durs, distants, détachés voire indélicats ou brusques.

Ce qui nous met hors de nous

On dit de certaines personnes qu'elles sont « glaciales ». C'est l'effet qu'elles produisent sur les autres.

Ces personnes ne veulent généralement pas avoir quoi que ce soit à faire avec les autres. Elles ne savent pas comment s'y prendre et c'est pourquoi elles ne font rien qui risque de les mettre en contact avec les autres. En réalité, ce sont les dernières personnes vers lesquelles nous nous tournerions si nous avions le moindre problème personnel : elles risqueraient de nous dévisager avec stupeur ou de détaler pour se rendre à je ne sais quel rendez-vous soudainement urgent. Elles choisissent généralement des métiers avec des contacts humains limités et se sentent plus à l'aise quand il s'agit de manier des chiffres ou des machines.

Nous ne leur accordons donc souvent pas une grande place dans notre équipe ou notre cœur. Si nous sommes enclins à reconnaître leurs qualités professionnelles, par exemple en disant qu'elles sont très utiles ou travailleuses, elles ne nous inspirent guère d'émotions ni d'affection.

Mais que se passe-t-il ?

De nombreuses raisons peuvent *expliquer* une grande froideur: ces gens ont pu être blessés par le passé, ils peuvent ne pas vouloir mêler vie professionnelle et vie privée, ils craignent peut-être de trop s'impliquer ou de ne pas réussir à prendre de distance par rapport aux problèmes. En revanche, le processus qui conduit à la froideur est assez simple.

Ceux qui se mettent à la place des autres

L'empathie, la chaleur et l'affection caractérisent les gens qui sont naturellement enclins à se mettre à la place des autres et à imaginer ce qu'ils ressentent. Ces gens disent des choses comme: « Étant donné la manière dont vous en parlez, cela a dû beaucoup vous faire souffrir » ou « En voyant ce sourire on devine que vous êtes très fier ». (Certains ont cependant tendance à en faire trop et se mettent carrément à la place des gens en allant jusqu'à dire: « Je sais *exactement* ce que vous ressentez. »)

Ces gens ne sont généralement pas froids, à moins de s'être fait « rembarrer » par quelqu'un qui n'aura pas apprécié leur sollicitude un peu envahissante. Un repli sur soi peut être la conséquence de ce genre de « rejet ».

Ceux qui ne voient qu'eux-mêmes

Certaines personnes sont très égocentriques et ne voient les choses que de leur propre point de vue. On les entend plutôt dire: « Je suis furieuse », « Je ne comprends pas » ou

« Moi j'ai besoin de dire ce que je pense ». On les perçoit rarement comme des personnes froides bien qu'on puisse être un peu réticent à l'idée d'avoir affaire à elles. Oui bien sûr, on sait ce qu'elles aiment et ce qu'elles pensent, mais elles s'accordent tellement d'importance que l'on peut parfois avoir du mal à nouer des relations avec elles.

Ceux qui ne voient que les faits

Certaines personnes ne s'intéressent qu'aux faits. Elles disent des choses comme : « Oublions ce que je peux ressentir, dites-moi quels sont les faits s'il vous plaît ? » ou « Que vous pensiez ceci ou cela ne m'intéresse pas. Quelles sont les données dont nous disposons ? »

Une telle tournure d'esprit peut être interprétée comme de la froideur car il n'est pas question ici de se mettre à la place de qui que ce soit : ce qui compte ce sont les faits, les données objectives.

Il arrive que la froideur soit délibérément érigée en barrière, mais parfois un ton simplement neutre peut être interprété comme froid ou détaché.

Astuces pour gérer les gens froids

Essayer de forcer une personne « froide » à s'impliquer davantage ou à exprimer une opinion personnelle risque fort d'être frustrant (pour vous deux) et vain. Elle risque de toute façon d'avoir des difficultés à savoir ce qu'elle « ressent » car elle préfère penser à la situation plutôt que de s'y plonger. Je ne suis pas en train de dire qu'une personne détachée n'éprouve pas de sentiments, mais peut-être a-t-elle choisi de ne pas se laisser guider par ses sentiments. Or un tel choix exige beaucoup d'énergie et de volonté si l'on veut en toute circonstance être capable de prendre du recul et de garder sa réserve. Mais une personne qui a choisi la froideur y parviendra à tout prix, car elle craint de ne pas réussir à « s'en remettre » si sa détermination venait à s'effriter et si elle « craquait » à cause de sentiments trop forts pour être maîtrisés. (Elle *peut* bien sûr vous surprendre en vous témoignant beaucoup de sympathie et de chaleur si vous traversez des difficultés personnelles, mais si cela se produit et que les vannes sont ouvertes, attendez-vous à devoir l'aider à « sauver la face » quand elle se sentira mal à l'aise de s'être « laissée aller » ainsi.)

Savoir s'adapter

Alors, c'est bien simple, il n'y a qu'une chose à faire : parler sa langue. Elle vous a montré clairement comment elle préfère communiquer, alors faites comme elle.

Si vous voulez son opinion, demandez-lui quelle est son « analyse ». Si vous voulez savoir ce qu'elle pense de telle ou telle situation, demandez-lui quel est le pour et quel est le contre. Si vous voulez qu'elle s'implique, demandez-lui de se rendre disponible à tout moment. Vous voyez ce que je veux dire ?

11

Les gens qui ont l'esprit de compétition

Ce qui nous met hors de nous

Les gens qui ont l'esprit de compétition doivent toujours gagner, être devant les autres, avoir le dernier mot, obtenir les meilleurs résultats, occuper le plus grand bureau – ou tout du moins ont-ils besoin d'être *perçus* comme les vainqueurs. Ce petit jeu peut être épuisant pour les autres s'ils en acceptent les règles, mais il l'est aussi pour les personnes qui ont l'esprit de compétition elles-mêmes car elles mettent toute leur énergie dans chaque victoire.

Mais que se passe-t-il ?

Ces gens ne sont pas juste des frimeurs qui feraient tout pour attirer l'attention car ils aiment vraiment la course, le combat, le défi à surmonter. En fait, ils en ont *besoin* et ils les *recherchent* sans cesse. Cela me fait penser à un autocollant que j'ai vu un jour sur une voiture et sur lequel on pouvait lire : « Celui qui possède le plus de vêtements de grands couturiers quand il meurt *a gagné.* » Ce qui prouve bien que pour certaines personnes, absolument *tout* peut devenir une compétition.

Astuces pour gérer les gens qui ont l'esprit de compétition

Diverses raisons peuvent pousser les gens à se comporter ainsi, mais quelles qu'elles soient, il est relativement facile de savoir comment s'y prendre avec eux.

Un petit défi pour vous !

Si une personne a besoin de toujours « être la première », il n'y a rien de plus simple que de la faire courir, ou de lui en donner l'impression. Elle sera ravie de se voir confier des tâches assez ordinaires pour peu qu'elles soient présentées de manière alléchante. Par exemple :

- « Je ne suis pas sûr que vous puissiez vous en tirer mais… »
- « Pensez-vous que X s'en tirerait mieux que vous ou acceptez-vous d'essayer de vous en charger ? »
- « Je ne sais pas si cela sera faisable mais… »
- « Je ne suis pas certain que cela puisse être fini à temps, mais seriez-vous prêt à tenter le coup ? »
- « Je n'ai personne d'autre à qui je puisse demander/faire confiance… »

Et le vainqueur est… (première partie)

Félicitez cette personne. Mentionnez précisément ce qu'elle a réussi à accomplir contre toute attente. Si elle préfère être félicitée en public, veillez à ce que d'autres soient là pour entendre les compliments qui lui sont destinés. Je serais très, très surpris qu'elle préfère être félicitée en privé (alors que cela arrive fréquemment chez les autres gens).

Et le vainqueur est... (deuxième partie)

Félicitez tout le monde. Ce n'est que justice et qui *n'aime pas* recevoir des compliments ? Et veillez bien à faire savoir à notre ami qui veut toujours gagner que vous avez félicité X ou Y en privé, afin qu'il ne se repose pas sur ses lauriers et que son esprit de compétition soit piqué au vif.

De l'usage du palmarès

Il est tout à fait possible de motiver une personne qui a l'esprit de compétition en notant ses « performances » chaque semaine, chaque mois ou même chaque jour ou chaque heure dans toutes sortes de tableaux. L'essentiel est de ne pas donner aux autres le sentiment d'être ignorés.

Vous pouvez très bien ne montrer ces résultats qu'aux personnes que cela motivera, sans aller déranger celles qui s'en fichent.

Vous pouvez également expliquer à ces dernières pourquoi vous faites cela, car l'objectif est de motiver chacun de la manière qui lui convient le mieux au lieu d'adopter une stratégie uniforme.

12

Les gens troublés

qui peuvent aussi perdre leurs moyens.

Ce qui nous met hors de nous

Les gens qui se troublent tout le temps ont le don de troubler les autres. On voit bien qu'ils ne savent pas où ils en sont, qu'ils n'arrivent pas à se concentrer. Et souvent ils sentent bien qu'ils ne devraient pas être si désorientés, ce qui ne fait qu'accroître leur confusion.

Mais que se passe-t-il ?

Sentir que l'on perd ses moyens peut être très perturbant. On peut avoir la tête qui tourne et ne plus rien entendre, ni voir, en ayant les yeux et les oreilles grands ouverts. On peut se sentir moins solide et sûr de soi que d'habitude, avoir un poids sur la poitrine, sentir la panique monter et avoir désespérément besoin de respirer librement. Dans certains cas extrêmes, on peut même finir par complètement « craquer ».

Certains pensent même que se troubler revient au même qu'être stupide, alors qu'en fait être dérouté est une étape essentielle de la plupart des processus d'apprentissage. (On peut en effet considérer que lorsqu'on est troublé, on est en train de « jouer avec des idées ».)

Tout cela est tout à fait naturel. Être troublé c'est un peu comme avoir devant soi les pièces d'un puzzle sans savoir à quoi ressemble l'image à reconstituer, ou avoir des ingrédients mais sans recette : comment savoir alors ce qu'il faut en faire ? Pire encore : parfois quand on est vraiment tout à fait perdu, on peut avoir l'impression d'avoir les ingrédients nécessaires pour plusieurs recettes ! Quand on ne sait pas ce que l'on doit faire des pièces dont on dispose, on peut essayer des dizaines de fois de les assembler comme ceci ou comme cela, mais les chances de parvenir à un résultat concluant sont minces.

Parfois quand on se trouble, on a le sentiment de ne pas disposer de toutes les pièces. D'autres fois on n'est pas sûr de savoir si toutes les pièces sont là ou non. D'autres fois encore on a le sentiment que les pièces dont on était certain qu'elles étaient bien placées ont été mélangées ou disposées autrement. Dans tous les cas on peut soit s'énerver parce que l'on se sent perdu, soit se contenter de laisser les pièces là où elles sont jusqu'à ce qu'une solution apparaisse.

Quand les données changent

On se sent parfois troublé lorsque quelqu'un dit ou fait quelque chose qui semble hors de propos ou inattendu (comme appartenant à une autre « image », pour reprendre l'exemple du puzzle). Comment intégrer cette nouvelle donnée dans une image qui soudain semble dépassée ?

Pour prendre un exemple extrême, c'est ce que l'on peut ressentir lorsqu'une personne fait une chose susceptible de nous nuire et nous apprend à cette occasion qu'elle se prétendait notre amie, mais qu'en fait elle ne nous a jamais vraiment apprécié. Nous n'avons plus alors qu'à repenser à des anecdotes passées et à essayer de les comprendre en transformant l'image dont l'amitié était une pièce en une autre image où la nouvelle pièce à intégrer est « cette personne ne m'appréciait pas vraiment ».

Rassembler les données

Quand on se lance dans un projet, on peut avoir une idée de ce que l'on veut accomplir, mais sans savoir comment on pourrait y arriver. On envisage alors tout un tas de possibilités, l'une après l'autre ou plusieurs d'entre elles simultanément. Face au grand nombre de données à prendre en compte, on peut très vite se sentir troublé.

Quand les données ne vont pas ensemble

On se trouve parfois face à deux types de données qui entrent en contradiction. C'est le cas par exemple quand un collègue de travail vous demande de rédiger une lettre destinée à sa petite amie : il y a alors confusion entre ce qui relève de la vie privée et ce qui relève de l'activité professionnelle.

Astuces pour gérer les gens troublés

Aussi complexe et perturbant que soit le fait de se sentir troublé, il est assez simple de sortir de cette situation. Voici quelques questions que vous pouvez poser :

Qu'est-ce qui vous trouble exactement ?

Cette question contribue généralement à pointer le problème car, pour y répondre, votre interlocuteur doit faire le tri dans toutes les « pièces » qu'il est en train de manipuler, afin d'identifier par élimination ce qui lui pose véritablement un problème.

De quoi avez-vous besoin exactement ?

C'est une question toute simple à laquelle votre interlocuteur risque bien de répondre : « Je ne sais pas » dans un premier temps. Accordez-lui du temps pour y réfléchir car si la réponse était évidente, il aurait réussi à la trouver tout seul.

Vous pouvez aussi poser des questions un peu différentes comme : « Qu'est-ce qui vous manque exactement ? » ou « Quelle solution attendez-vous ? » (Vous n'aideriez sans doute pas beaucoup cette personne en lui demandant : « Que puis-je faire ? » car l'essentiel pour l'instant est de savoir ce qui doit être fait, pas qui peut le faire. Cela viendra dans un deuxième temps.)

Retrouver le fil en parlant à haute voix

Peut-être vous est-il déjà arrivé de poser une question et de vous retrouver face à une personne qui commence à penser à haute voix, sans plus s'arrêter. Si on la presse de répondre, cette personne risque bien de répondre : « Tout cela n'est toujours pas clair pour moi, alors comment pourrais-je savoir ce que je pense si je ne m'entends pas le dire ? »

Beaucoup de gens sont comme ça. Les idées prennent forme quand ils les expriment oralement pour les entendre eux-mêmes. Procéder ainsi peut être très efficace, du moment que l'interlocuteur est prévenu. Il faut donc penser à lui dire : « Attendez que je réfléchisse… » ou « J'ai juste besoin de penser à haute voix à tout cela… » ou encore « J'ai besoin de penser à haute voix alors vous pouvez poursuivre ce que vous êtes en train de faire car pour l'instant je n'ai pas besoin de votre aide. »

13 Les gens difficiles

qui peuvent aussi être désagréables,
avoir l'esprit de contradiction ou ne s'entendre avec personne.

Ce qui nous met hors de nous

Il y a des gens qui sont tout simplement difficiles. Ce n'est pas juste un aspect de leur comportement qui est insupportable, c'est eux en tant que personne. Si l'on dit blanc, ils disent noir. Si on leur dit que ceci est un livre, ils disent que c'est autre chose. Et souvent ce sentiment d'avoir affaire à quelqu'un qui a l'esprit de contradiction est partagé. N'oubliez pas que quand vous pensez avoir un idiot en face de vous, votre interlocuteur pense probablement exactement la même chose !

Mais que se passe-t-il ?

Quand une opposition naît entre deux personnes ou entre une personne et le reste d'un groupe, le langage corporel des uns et des autres montre, à leur insu, qu'ils sont en train de se préparer au combat qui va suivre, quel qu'il soit. Chacun voit donc l'autre se raidir en prévision de la confrontation. Or le simple fait de s'attendre à un conflit engendre lui-même ce conflit. Pour vous en rendre compte, faites ce petit test: pensez à une personne avec qui vous avez eu des problèmes et dites-vous: « Ça va encore être difficile. » Et là, vous sentez déjà vos épaules s'affaisser, votre énergie vous quitter et votre moral chuter.

Le fait de partager certaines valeurs permet cependant de rétablir une relative harmonie. On peut par exemple rester ami avec une personne dont on réprouve certains comportements, du moment que chacun accepte les différences de l'autre.

En revanche, lorsqu'on n'a aucune valeur en commun, les risques de mésentente sont élevés car on ne voit tout simplement pas les choses de la même manière. (Chacun défend alors son propre point de vue, ce qui donne par exemple: « Mais j'ai besoin de X! », « Oui, mais moi j'ai besoin de Y! » ou « Je suis convaincu que X! », « Et moi je suis certain de Y! ») En outre, il suffit d'appréhender les choses de manière négative, suite à une expérience passée qui vous fait penser: « Ça va encore mal se passer » ou « Ce type est impossible », pour qu'effectivement elles se passent mal, surtout si:

- Vous conjuguez ces phrases au présent ou au futur au lieu de les conjuguer au passé. Par exemple: « Ils ne s'intéressent jamais à ce que j'ai à dire » au lieu de: « Ils ne *s'intéressaient* jamais à ce que j'avais à dire. »
- Vous pensez que c'est la personne ou la situation qui va être « impossible », au lieu de vous dire que c'est un aspect du comportement de cette personne qui *a posé* problème par le passé, ce qui annonce inévitablement un nouveau conflit.

Astuces pour gérer les gens difficiles

Restez neutre

Au lieu de cataloguer d'avance la personne ou la situation en vous disant que les choses vont forcément mal se passer, pensez au comportement qui pose problème (et non à la personne) au passé, pas au futur ni au présent. Les choses ont ainsi une chance de mieux se passer. Par exemple, au lieu de vous dire : « Il ne sera jamais capable de faire cela », dites-vous quelque chose comme : « Il n'a jamais été capable de faire cela... », en ajoutant par exemple « ... Il faut donc que je comprenne ce qui l'en a empêché et ce qui doit changer pour qu'il y parvienne. »

Cherchez un compromis

Le problème peut venir du fait que vos intérêts sont contradictoires : vous pouvez avoir besoin d'une chose qui va vraiment à l'encontre de ce qui est nécessaire à votre interlocuteur. Rien ne pourra vous faire changer d'avis, ni l'un ni l'autre, quoi que vous tentiez. Vous avez remarqué cet *affreux* emploi du présent et du futur qui condamne cette situation à être un échec éternel ?

Alors tâchons de reformuler tout cela. Rien n'a jamais pu vous faire changer d'avis, alors maintenant la voie est libre pour essayer de nouvelles choses. Vous pouvez peut-être engager ce processus de négociations tout simple en trois étapes :

1. De quoi avez-vous besoin exactement, dans la situation actuelle ? (Et ne laissez pas votre interlocuteur revenir toujours sur la même chose. Insistez : « De quoi d'autre avez-vous besoin ? »)
2. De quoi *ai-je* besoin exactement, dans la situation actuelle ? (Idem.)
3. Comment exactement, pourrions-nous tous deux obtenir ce dont nous avons besoin, de manière à ce que ni l'un ni l'autre n'ait le sentiment de « se faire avoir » et à ce que le problème soit vraiment résolu.

14

Les gens qui ne font jamais ce qu'on leur dit de faire

Ce qui nous met hors de nous

Mais combien de fois dois-je le lui dire ? Il ne peut pas écouter ? Il ne peut pas faire ce qu'on lui dit de faire ? Il vous dit une chose et il s'en va en faire une autre !, etc. Un tel comportement peut effectivement être exaspérant, fatigant et surtout déconcertant ! Pourquoi certaines personnes ne peuvent-elles tout simplement pas faire ce qu'on leur demande de faire ? (Et cela vaut pour les gens qui en font davantage que ce qui leur est demandé, comme pour ceux qui en font moins ou qui ne font rien du tout.)

Mais que se passe-t-il ?

Oubliez la forme négative

La première chose à faire pour être sûr que les choses se passeront exactement comme nous ne voulons pas qu'elles se passent, c'est de dire aux gens *ce que nous ne voulons pas.* Réfléchissez un instant. Comment être sûr que les enfants vont courir dans les couloirs à l'école ou que telle personne va s'inquiéter au sujet de telle ou telle chose ? C'est facile. Il suffit de dire : « Ne courez pas dans les couloirs » ou « Ne vous inquiétez pas ».

Essayez vous-même. Ne pensez pas à un éléphant rose qui siffle. Ne pensez pas à une magnifique plage de sable blanc sous un ciel bleu.

Ces phrases négatives à l'impératif ont pour effet de couper net le fil des pensées des personnes à qui elles se sont adressées, tout comme « Arrête… » ou « Je ne veux pas que vous… » ou d'autres formules du même type. Et que fait le cerveau une fois qu'il s'est arrêté ? Rien. Il obéit tout simplement à l'instruction qu'il vient de recevoir. Il se produit la même chose lorsque vous criez « Non ! » à quelqu'un qui est en train de faire quelque chose : la personne s'arrête net, en se demandant ce qu'elle est censée ne pas faire ou cesser de faire.

Ensuite, le cerveau se jette avidement sur ce qu'on lui « donne », afin de pouvoir recommencer à faire quelque chose, mais quoi ? C'est très simple : « courir dans les couloirs », « s'inquiéter », « penser à un éléphant rose qui siffle » ou « penser à une magnifique plage de sable blanc sous un ciel bleu ».

J'ai cru que vous aviez dit…

Un autre schéma classique consiste à en faire trop parce que l'on prend des informations pour des instructions. Au contraire, d'autres personnes n'en font pas assez parce qu'elles prennent des instructions comme de simples informations.

Prendre des informations pour des instructions

Ces personnes n'ont qu'une envie : faire plaisir. Et pour cela elles sont prêtes à aller bien plus loin que ce qu'on leur demande… si tant est qu'on leur demande quoi que ce soit !

Vous est-il déjà arrivé de demander à quelqu'un quelque chose de tout simple comme : « Pouvez-vous trouver les horaires des trains pour Poitiers le vendredi matin ? », puis d'apprendre que cette personne vous avait réservé un billet de train ! Et si vous lui avez rappelé que vous étiez simplement en quête d'informations sur les horaires, votre interlocuteur vous a alors assuré que vous l'aviez prié d'organiser ce déplacement pour vous. Ou alors peut-être avez-vous un jour fait un simple commentaire comme : « Cette pièce n'a pas l'air très propre », pour vous rendre compte ensuite que la personne à qui vous aviez dit cela était persuadée que vous lui aviez demandé de nettoyer la pièce.

Prendre des instructions pour des informations

Il se produit exactement l'inverse quand vous pensez avoir dit explicitement à quelqu'un ce dont vous avez besoin et pour quand. Vous avez veillé à vérifier que cette personne avait bien compris comment s'y prendre et non seulement elle ne respecte pas les délais impartis, mais en plus elle semble avoir complètement oublié qu'elle s'est engagée à faire quelque chose pour vous. Elle vous dit par exemple : « Je croyais que nous ne faisions qu'en discuter, vous ne m'avez pas dit de faire quoi que ce soit. Je vous assure, je m'en souviendrais ! » Et elle est effectivement persuadée d'avoir raison ! On dirait qu'elle est là sans être vraiment là tant elle n'a pas les pieds sur terre.

Astuces pour gérer les gens qui ne font jamais ce qu'on leur dit de faire

Il existe différents moyens d'obtenir à coup sûr ce que l'on attend d'eux.

Ne dites pas ce qu'il ne faut pas faire !

Au lieu de dire ce que vous ne voulez pas que les gens fassent, dites-leur exactement ce qu'ils doivent faire, afin de bien leur mettre en tête ce que vous voulez et non ce que vous ne voulez surtout pas.

> **Pourquoi craint-on les dentistes ?**
> Je me souviens avoir un jour animé un atelier destiné à un public de dentistes et portant sur la manière de s'exprimer. Les dentistes utilisent beaucoup les formes négatives. Au lieu de dire des choses comme : « Ça va aller très vite », « Je vais vous faire un peu mal » ou « Pensez à quelque chose d'agréable », ils ont plutôt tendance à dire : « Ça ne va pas durer longtemps », « Je ne vais pas vous faire très mal » ou « N'ayez pas peur ». Or comme nous l'avons vu, en disant cela, ils obtiennent exactement l'effet inverse de celui qu'ils espèrent.

Quand les informations deviennent des instructions

Même si vous dites très précisément que vous n'avez besoin que des horaires de train, vous courez le risque de voir votre interlocuteur en faire trop car chez lui c'est un réflexe. Vous devez donc justement utiliser son « mode de fonctionnement » pour en venir à bout. Parlez-lui calmement à un moment opportun de sa manie d'aller toujours trop loin. Dites-lui bien qu'il est formidable d'être aussi serviable. (Et ne croyez pas que vous en faites trop en employant le mot « formidable », car c'est bien ce qu'il est.) Faites-lui comprendre que quoi qu'on lui ait dit par le passé, il n'est plus nécessaire aujourd'hui, dans le monde professionnel du XXIe siècle, de se croire obligé d'en faire trop pour faire plaisir : il suffit d'en faire assez. Et calmement, rassurez-le sur le fait qu'il ne craint rien du tout en agissant ainsi. Insistez sur le fait qu'il peut vous faire confiance sur ce point et qu'il peut en discuter avec des collègues s'il a un doute. Dites-lui bien que pour se tranquilliser, il n'a qu'à toujours vérifier ce que souhaite la personne qui lui demande quelque chose, par exemple en lui demandant : « Vous ne voulez que les horaires, n'est-ce pas ? Pas de billet ? »

Vous respectez ainsi ses réactions instinctives, de même que vous les préservez. Son esprit d'initiative n'est pas complètement bridé (car on peut parfois oublier que l'on a effectivement besoin de billets de train !) et son mode de fonctionnement est subtilement modifié car il voudra absolument vous faire plaisir en faisant ce que vous lui demandez de faire.

Quand les instructions deviennent des informations

Vous avez constaté que peu importe le degré de précision avec lequel vous expliquez ce que vous voulez, cette personne a tendance à ne pas entendre les instructions que vous avez formulées. Si expliquer chaque chose patiemment n'a pas fonctionné, il est temps de remettre sérieusement les choses à plat.

Il est utile, pour ne pas dire essentiel sur le plan légal, de laisser une trace écrite de ces incidents, afin de vous appuyer dessus lors de l'évaluation professionnelle formelle de cette personne. Dressez la liste de tous ses points forts et de ses succès, ainsi que celle des domaines dans lesquels vous voulez la voir s'améliorer. Pour chacun de ces domaines, notez trois exemples précis d'échecs ou de situations dans lesquelles la personne n'a pas suivi vos instructions. Vous pourrez ensuite discuter en toute honnêteté avec elle de ce qu'elle doit faire pour s'améliorer et atteindre tel niveau dans un laps de temps défini.

Cela devrait assez bien se passer puisque votre interlocuteur prendra probablement tout cela pour des informations et non pour des instructions ! Au cours de la discussion, il niera sans doute avoir échoué à telle ou telle occasion et il tentera peut-être de se justifier en disant qu'on ne lui avait pas bien expliqué sa tâche. (Et ce sera peut-être vrai : peut-être que son supérieur n'avait pas eu le temps ou n'avait pas été capable de lui expliquer correctement ce qu'il attendait de lui.)

L'essentiel, pour remédier au problème une bonne fois pour toutes, est de parler de ce qu'il se passera exactement si la personne n'atteint pas les objectifs que vous aurez fixés. Demandez-*lui* de faire des suggestions car il est temps qu'elle cesse de ne pas assumer ses responsabilités et qu'elle prenne les choses en main. Vous pouvez, si cela vous semble souhaitable, lui demander d'y réfléchir et de revenir vous voir ensuite.

Vous pouvez lui demander comment elle interprète la liste des échecs ou des insuffisances qui figure sur votre papier. Demandez-lui ce qu'elle signifie selon elle et ce qu'elle ferait si elle était à votre place. Cette fois encore, votre interlocuteur risque d'être assez surpris par votre démarche, par le fait de devoir envisager les choses sous un autre angle, vous devrez donc lui accorder le temps nécessaire pour y réfléchir et en tirer des conclusions.

Vous allez ainsi lancer un processus de réflexion. Votre interlocuteur devrait commencer à voir les choses différemment, ce qui devrait lui permettre de prendre conscience de ce qu'il doit faire différemment. Certaines personnes vivront bien évidemment très mal cette prise de conscience de leurs inaptitudes. Voir tout cela écrit noir sur blanc peut causer un choc et elles auront alors besoin de tout votre soutien pour trouver de nouvelles façons de travailler. Après tout, il est bien possible qu'elles aient contrarié un grand nombre de personnes qui devront leur accorder (au moins) une seconde chance.

15

Les mauvais chefs

qui se leurrent en pensant qu'ils savent déléguer.

Ce qui nous met hors de nous

Tout le monde est d'accord sur le fait que savoir déléguer est une qualité essentielle pour tout professionnel qui dirige et supervise une équipe. Hélas, trop souvent, celui à qui on délègue a l'impression qu'on lui confie des tâches à tort et à travers. Et bien souvent, celui qui délègue a le sentiment – généralement fondé – que les choses iraient plus vite s'il s'en chargeait lui-même plutôt que de les faire faire à quelqu'un d'autre.

Mais que se passe-t-il ?

On se retrouve facilement dans une situation inextricable. Si l'on a le temps de faire quelque chose, on a tendance à s'en charger soi-même, tout simplement parce que c'est possible. Et aussi parce que c'est plus simple, plus rapide et plus rassurant de sentir que l'on maîtrise les choses.

Mais si l'on n'a *pas* le temps de faire quelque chose, on a alors tendance à se décharger de cette tâche sur quelqu'un d'autre, en prenant ou non le soin de ménager cette personne en parlant de « déléguer », voire de « nouvelle chance » ou de « défi ». Pourquoi cela ? Tout simplement parce que l'on n'a pas le temps de « déléguer » correctement. Et pour finir, tout le monde éprouve un véritable sentiment de frustration !

Autre chose. Parfois, la personne qui délègue ajoutera une grande confusion à la frustration en disant à l'autre personne non seulement *ce qu'elle doit faire,* mais aussi *comment* elle doit le faire, mélangeant la fin et les moyens dans un embrouillamini quasi-incompréhensible.

Il est donc très bien vu de déléguer et ceux qui le font reçoivent encouragements et applaudissements, pourtant bien souvent ils ne le font pas correctement.

Astuces pour gérer les mauvais chefs

L'essentiel pour bien déléguer sans tomber dans les pièges qui consistent soit à confier des tâches à tort et à travers, soit à tout faire soi-même est de comprendre qu'il convient de déléguer un type de tâches et non des tâches isolées. Et déléguer un type de tâches signifie que la personne à qui on confie le travail peut prendre en charge toute une série de tâche, pas juste celle que l'on doit lui faire faire à un moment donné. C'est ainsi que l'on forme efficacement les membres d'une équipe : ils deviennent alors vraiment capables d'accomplir certaines des tâches de leur supérieur, à long terme.

Cela signifie qu'il faut prendre le temps de déléguer correctement, pas seulement lorsqu'une tâche urgente doit être accomplie !

Si votre supérieur ne sait pas déléguer
Voici une stratégie simple et efficace à mettre en œuvre pour bien déléguer. N'hésitez pas à la proposer à toute personne qui délègue à tort et à travers.

1. Réfléchissez à la personne à qui vous pouvez confier la tâche. Prévoyez combien de temps il vous faudra pour déléguer correctement (c'est-à-dire pour former, expliquer, accompagner), ainsi que le lieu, les moments et les modalités les plus indiqués pour cela.
2. Expliquez exactement le résultat que vous attendez (non *comment* s'y prendre, pour l'instant) : sous quelle forme, à quelles fins et dans combien de temps.
3. Invitez la personne à réfléchir et à reformuler elle-même la demande que vous lui avez faite afin de vérifier qu'elle a bien compris ce que vous attendez d'elle.
4. Si nécessaire, clarifiez vos instructions en disant par exemple :
   – « Ce que vous avez bien compris c'est... »
   – « Ce que vous avez ajouté et que je n'avais pas mentionné c'est... »
   – « Vous avez oublié... » Reprenez ensuite les étapes 2 et 3 si nécessaire.
5. Suggérez à la personne de réfléchir :
   – à la manière dont elle va s'y prendre pour aboutir au résultat attendu ;
   – aux ressources/à la formation dont elle aura besoin ;
   – à l'aide/à la supervision qu'elle souhaitera avoir ;
   – à la liberté d'initiative dont elle aura besoin ;
   – aux personnes qui doivent être informées du fait qu'elle disposera de cette liberté d'initiative.

6. Mettez-vous d'accord sur les éléments qui vous rassureront tous deux quant au bon déroulement du projet.
7. À l'issue de la mission, veillez à:
   – faire part à cette personne de vos impressions et commentaires sur son travail;
   – discuter des conclusions à tirer de cette expérience pour l'avenir;
   – discuter de ce que vous avez appris l'un et l'autre, sur ce projet lui-même comme sur le type de projets auquel il appartient.

16

Les gens gênés

qui peuvent aussi être excessivement modestes, timides ou silencieux et qui se dénigrent, dévalorisent ce qu'ils font, restent en retrait, n'acceptent pas les compliments, ont peur de dire ce qu'ils pensent et ont une mauvaise opinion d'eux-mêmes.

Ce qui nous met hors de nous

S'il y a une chose qui est agaçante, en plus d'être ridicule, c'est de féliciter une personne et la voir rougir et balbutier que « ce n'est rien » ou se mettre à dresser la liste des erreurs qu'elle a commises et qui étaient passées complètement inaperçues !

Juste dire merci !

Il y a quelques années de cela, un client américain me félicitait pour mon travail et alors que je commençais machinalement à lui dire que « Oh, ça n'était pas bien difficile, et j'étais dans la région de toute façon, etc. », il a explosé : « Vous, les Anglais vous êtes vraiment impossibles ! Si quelqu'un vous fait un compliment, pourquoi devez-vous toujours être sur la défensive ? Vous ne

pouvez pas vous contenter de dire merci au lieu de vous dévaloriser, vous et ce que vous avez accompli ? C'est comme si vous nous disiez que nous nous trompons en pensant du bien de vous ! »
Dans la foulée, il m'a cité tout un tas d'exemples illustrant ce qu'il venait de dire. L'un des plus frappants est celui de la personne que l'on complimente sur sa veste et qui se croit obligée d'expliquer qu'elle l'a achetée en solde ou qu'en fait elle est trouée, etc.

Mais que se passe-t-il ?

Certaines personnes se sentent gênées quand on *leur* fait un compliment. (Pas quand on les félicite pour leurs actions, mais quand on les complimente elles, en tant que personnes.) C'est le cas si on leur dit par exemple (en général avec enthousiasme) :

- « Comme vous êtes intelligent ! »
- « Tu es drôlement sage ! »
- « Vous êtes un orateur hors pair ! »

Aussi flatteurs soient-ils, ces compliments ne servent pas à grand-chose puisque la personne à qui ils sont adressés n'a aucune idée de ce qu'elle a fait ou dit pour les mériter. Dans ces circonstances, que peut-elle faire d'autre que rougir et marmonner ?

En outre, bien des gens ne savent tout simplement pas comment répondre à des compliments sincères (peut-être est-ce notamment dû au fait que les compliments sont devenus assez rares, surtout dans les cultures où les reproches sont plus systématiques). Ils sont gênés par le silence qui suit un compliment et éprouvent le besoin de le remplir, sans savoir comment ni quand s'arrêter.

Astuces pour gérer les gens gênés

Soyez précis

Si vous constatez qu'une personne est gênée par des propos dithyrambiques mais imprécis, faites-lui remarquer ce dernier point et encouragez-la à demander des détails afin de savoir exactement ce qu'elle doit continuer de faire. Par exemple :

- « Vous m'avez dit : "Comme vous êtes intelligent !" et je voudrais vraiment savoir ce que j'ai dit ou fait pour que vous disiez cela ? »
- « Quand tu as dit : "Tu es drôlement sage !", que voulais-tu dire exactement ? »
- « Quand vous m'avez dit : "Vous êtes un orateur hors pair !", à quoi pensiez-vous exactement ? »

(Quant à vous, faites toujours des compliments sur des choses précises afin que le problème ne se pose pas.)

Merci

Une fois que la personne sait précisément pour quelle raison on la félicite, il suffit qu'elle dise « Merci » ou « Merci beaucoup », puis qu'elle *change de sujet*, en disant par exemple :

- « Merci. La question suivante à l'ordre du jour est donc… » ;
- « Merci beaucoup, votre présentation était elle aussi très claire ! Maintenant si nous passions à… »

Pourquoi changer de sujet ? Tout simplement pour éviter ce long silence embarrassé.

17

Les têtes en l'air

qui ont tendance à tout perdre.

Ce qui nous met hors de nous

Certaines personnes oublient ou perdent « toujours » tout: leurs clés, une échéance, les anniversaires, etc. Si certains de ces oublis sont sans conséquences, d'autres peuvent avoir des répercussions très sérieuses (par exemple quand on oublie son passeport ou les instructions de son patron). Et d'une manière générale, cette manie de tout oublier peut être très, très irritante pour les amis et les collègues de la tête en l'air.

Mais que se passe-t-il ?

Ces gens ne se rappellent pas les choses tout simplement parce qu'elles semblaient anodines au moment où elles se sont produites ou parce qu'on ne leur avait pas signalé à ce moment-là qu'ils auraient besoin de s'en souvenir ultérieurement. Par exemple, si je vous demandais combien de monnaie vous aviez en poche il y a exactement trente-cinq jours, vous n'en auriez probablement aucune idée, et pour cause ! Mais si je vous demandais de compter la monnaie que vous avez sur vous aujourd'hui, vous devriez faire en sorte de vous en souvenir dans quelques jours.

D'autres personnes prennent le temps de se rappeler les choses (« Je l'ai sur le bout de la langue ! », vous disent-elles) mais elles ne sont pas en mesure de vous le dire comme ça, à brûle-pourpoint.

Astuces pour gérer les têtes en l'air

Cap vers la gauche

Pour la plupart des gens, le passé et les souvenirs se situent plutôt à gauche, tandis que le futur et les projets à venir seraient à droite. Donc, si vous essayez d'aider quelqu'un à se rappeler quelque chose, encouragez-le à « chercher l'image » ou à « écouter » vers la gauche.

Regarder pour se rappeler

Incitez les personnes qui oublient tout à visualiser les choses pour se les rappeler, un peu comme si elles prenaient des photos dans leur tête. En effet, si vous ne disposez pas d'une information, comment pourriez-vous vous la rappeler ? L'exemple des clés illustre bien ce processus. Si vous ne vous rappelez pas où vous les avez posées, où pouvez-vous les chercher ? Uniquement là où vous les aviez posées (et donc trouvées) une fois précédente. Pas là où vous les avez posées (et où vous ne les avez pas encore trouvées !) aujourd'hui. Donc si une tête en l'air ne range pas toujours ses clés à un endroit précis, conseillez-lui de les prendre en photo dans sa tête au moment où elle les pose, puis immédiatement après. Et pour renforcer cette image, demandez-lui d'y penser en même temps, par exemple en se disant : « Clés jetées dans ma chaussure gauche devant la porte d'entrée. » Pour que cela soit encore plus efficace, demandez-lui de prononcer ces mots à haute voix pour qu'elle puisse les entendre à nouveau au moment où elle cherchera ses clés, *tout en* se rappelant y avoir pensé et en se rappelant les avoir vues en « photo » dans sa tête.

Un simple coup d'œil par-dessus l'épaule

Avant il m'arrivait souvent d'oublier où j'avais garé ma voiture sur les parkings, alors qu'un de mes amis était un véritable chien de chasse : il retrouvait sa voiture immédiatement, du premier coup, à chaque fois. J'ai donc observé sa tactique. Elle consistait, une fois qu'il avait fait quelques pas pour s'éloigner de sa voiture, à s'arrêter pour jeter un coup d'œil par-dessus son épaule gauche (notez bien : gauche !) pour prendre une photo rapide dans sa tête. Et il refaisait cela à chaque fois que nous changions de direction en nous éloignant. Ainsi, pour retrouver sa voiture, il n'avait qu'à se rappeler ces images dans l'ordre inverse. Voici donc une tactique toute simple à utiliser quand on la connaît et rassurante pour tous ceux qui ont l'habitude de « perdre » leur voiture sur les parkings : ce n'est pas qu'ils ont un problème ou qu'ils sont génétiquement incapables de retrouver leur voiture, c'est juste qu'ils ne connaissent pas ce « truc » pour y parvenir.

Chaque chose à sa place

Pour en revenir aux clés, si seulement cette tête en l'air pouvait mettre la main dessus ! Un truc tout simple consiste à attribuer une place à chaque chose. Tant que chaque objet ne sera pas rangé à sa place, la tête en l'air n'a pas fini de perdre des heures en recherches vaines.

Encouragez les têtes en l'air à adopter les stratégies complémentaires suivantes :

Repenser pour se rappeler

Plus nous pensons à une chose, plus il est facile de s'en souvenir, parce que le meilleur moyen de se souvenir de quelque chose, c'est d'y penser à de nombreuses reprises pour l'intégrer dans ses pensées.

Par exemple, si je vous demande de penser à votre professeur préféré, ou au contraire au pire professeur que vous ayez eu, vous vous rappelleriez probablement son visage et/ou son nom et/ou sa voix assez facilement, même si vous n'avez pas pensé à lui depuis longtemps, tout simplement parce qu'à un moment donné, vous l'avez vu très fréquemment.

On peut donc multiplier les chances de se rappeler une chose que l'on vient de faire en y repensant brièvement le lendemain, puis une semaine plus tard et peut-être encore un mois plus tard, de plus en plus brièvement à chaque fois.

Des souvenirs en 3D ou en 5D ?

Si l'on prend une photo dans sa tête de l'endroit où l'on a jeté ses clés en se le disant à haute voix en même temps, cela permet de se souvenir de cet endroit grâce à trois sens. Si l'on ajoute « dans cette chaussure malodorante près de la porte qui grince », on dispose de deux informations « sensitives » supplémentaires pour se rappeler l'endroit où se trouvent ses clés.

Plus les sens sont associés à un souvenir, plus on a de chances de garder ce dernier en mémoire. (Et rien n'empêche qui que ce soit de fixer une belle boîte à clés juste à côté de la porte pour y ranger facilement les clés, ce qui fonctionnera à chaque fois sans avoir à y penser !)

Mettre un nom sur un visage

Certaines personnes se plaignent de ne jamais se rappeler le nom des gens. En fait j'étais moi-même comme cela avant, jusqu'à ce que j'apprenne que pour les gens qui n'ont pas une très bonne mémoire visuelle, se souvenir des noms peut être très difficiles.

La meilleure stratégie que j'ai trouvée jusqu'à présent consiste à imaginer le nom de la personne écrit sur son front au moment où elle se présente, tout en imaginant cette personne avec une coiffure ou des habits différents. (Comme il est fort probable que je sois amené à la revoir alors qu'elle aura changé de tenue ou de coiffure, je m'assure ainsi que mon souvenir d'elle ne sera pas figé.)

Donc, quand quelqu'un se présente à vous, imaginez que sa bouche répète plusieurs fois son nom et visualisez ce dernier comme s'il était imprimé sur son front, en choisissant une écriture qui s'accorde bien avec la personne en question. Par exemple, si je rencontre une personne souriante et avenante, je pense à une écriture bien lisible et agréable, et si je rencontre un musicien, j'essaie d'imaginer son nom écrit avec des notes de musique.

De plus, pour augmenter vos chances de vous rappeler le nom d'une personne, mettez le plus grand nombre de sens en action : en plus de *visualiser* son nom, vous pouvez aussi le répéter mentalement plusieurs fois pour l'*entendre* dans votre tête et éventuellement, écrivez-le discrètement sur votre jambe ou dans votre poche, en dessinant les lettres avec votre doigt.

Vous pouvez également associer des objets ou des images à cette personne pour vous aider à vous rappeler des détails la concernant, comme *le lieu* où vous l'avez rencontrée par exemple. Vous pourrez ainsi l'affubler d'une petite tour Eiffel sur une épaule et du logo de sa société sur l'autre.

Amusez-vous avec toutes ces astuces car tous les choix que vous ferez pour vous souvenir du nom de la personne (une couleur pour écrire son nom, un objet placé sur son épaule) vous aideront à le fixer dans votre mémoire.

N'oubliez pas

Quand nous nous disons : « Il ne faut pas que j'oublie... », le fait est que très souvent nous oublions ce dont nous voulons nous souvenir ! Il est bien plus efficace de dire ou de penser à ce que nous *voulons* faire (par exemple, « Je dois me souvenir que j'ai jeté mes clés dans cette chaussure gauche malodorante… ») que de dire ou de penser à ce que nous ne voulons pas.

18

Les gens hostiles

qui peuvent aussi mettre mal à l'aise et paraître ergoteurs, belliqueux, détachés, déloyaux, irrespectueux, mal disposés, opposés à tout, humiliants, impolis, sarcastiques, narquois, boudeurs, fauteurs de troubles, non coopératifs, écrasants, rancuniers, antipathiques, revanchards ou vindicatifs.

Ce qui nous met hors de nous

Il existe bien des façons de se montrer hostile. L'éventail des attitudes va de la froideur calculée à l'impolitesse pure et simple, en passant par la distance inamicale. Une personne peut dégager tant d'hostilité qu'elle provoque un malaise au sein d'une équipe, voire de tout un département dans une entreprise, à tel point que l'absentéisme et les départs d'employés atteignent des sommets car personne, en toute logique, ne veut y travailler. Une personne hostile empêche un climat serein de s'installer et met tout le monde mal à l'aise, pourtant il est assez facile d'arranger les choses.

Mais que se passe-t-il ?

Quand une personne marmonne dans sa barbe, lance des regards noirs, grogne, parle sur un ton sec, ricane, nous bat froid ou nous ignore complètement, il est assez évident que :

- Cette personne a une idée derrière la tête ;
- Cela ne doit pas être une bonne idée ;
- Cela nous concerne d'une manière ou d'une autre.

De très nombreuses raisons expliquent ce genre de situations, on peut néanmoins les regrouper en quelques catégories.

La rancune

On éprouve de la rancune quand on garde en soi du ressentiment dû à un événement passé et qu'on le laisse influencer son comportement actuel. Souvent les personnes rancunières gardent un souvenir très vif du ou des comportements injustes dont elles ont été victimes et ce souvenir pèse sur leur vision des choses au moment présent. Elles continuent de voir la personne ou la situation comme par le passé en dépit des circonstances présentes qui sont susceptibles d'avoir considérablement fait évoluer les choses.

L'amalgame

On parle d'amalgame quand se pose un problème précis et qu'une personne réagit avec hostilité non seulement à l'égard de ceux qui sont mêlés à ce problème, mais aussi à l'égard de bien d'autres personnes qui ne sont absolument pas concernées. On est souvent bien tenté de lui dire :

« Attendez un peu ! Je n'ai rien à voir avec tout cela, alors pourquoi vous en prenez-vous à moi ? »

Clarifier les choses

Un jour, alors que j'animais un atelier pour une équipe de professionnels, j'ai remarqué qu'une personne n'arrêtait pas de se moquer de tout ce que je disais en glissant des commentaires narquois à ses collègues, se montrant ainsi assez explicitement hostile à mon égard. Deux cas de figure étaient possibles : soit mes conseils lui paraissaient complètement inutiles, soit j'étais victime d'un amalgame avec lequel je n'avais rien à voir. J'ai décidé d'en parler discrètement avec cette personne à la pause, plutôt que d'aborder le problème devant tout le reste de l'équipe. Suivant la démarche en quatre étapes exposée à la page 88 (tout à fait instinctivement, je m'en rends compte aujourd'hui), je lui ai dit calmement : « Bernard, j'ai remarqué que vous vous moquiez de quasiment tout ce que je disais et j'en conclus que je ne suis pas en train de répondre à vos besoins. Je souhaite vraiment vous être utile et je voudrais donc que vous me disiez si le problème vient de ce que je fais ou si c'est un problème personnel entre nous deux ou encore si je peux faire quelque chose différemment pour mieux répondre à vos besoins. »

Bernard a eu l'air consterné : il a pâli et s'est empressé de me présenter ses excuses. En fait, un de ses proches était très malade et sur le point de mourir et il aurait préféré être avec sa famille ce jour-là plutôt que d'assister à mon séminaire de formation. Nous avons discuté de tout cela un moment et il m'a expliqué que son patron avait estimé qu'il serait mieux au travail « à penser à autre chose », comme si c'était possible étant donné les circonstances ! Nous nous sommes donc entendus sur le fait que Bernard pouvait garder son téléphone allumé pour que sa famille puisse le joindre en cas de besoin. Nous avons également décidé qu'il changerait de place dans la salle afin de pouvoir s'éclipser discrètement s'il le fallait, sans avoir à déranger trop de monde, ni à se justifier. Nous avons également convenu du fait que s'il avait besoin de sortir pour marcher un peu ou prendre l'air, cela ne posait aucun problème.

Enfin, nous nous sommes mis d'accord sur la manière d'informer le reste du groupe de ces « exceptions » (concernant le téléphone, la possibilité de quitter la salle, etc.) et par la suite nous sommes devenus de très bons amis, alors que les choses avaient plutôt commencé sur une note « hostile ».

Le complexe d'infériorité

Les individus qui souffrent d'un complexe d'infériorité se disent des choses comme : « Ils sont mieux que moi » ou « Ils vont se rendre compte du fait que je suis nul un jour ou l'autre, alors il vaut mieux que je les tienne à l'écart en me montrant hostile ». Ils peuvent en vouloir à la terre entière pour une raison ou une autre, ce qui explique qu'ils soient souvent sur la défensive ou qu'ils se montrent agressifs tout en étant sur la défensive.

Cette peur d'être « démasqué » est en outre assez courante – ce qui n'est peut-être pas si étonnant – chez les personnes qui occupent depuis peu un poste à responsabilités.

Un paradoxe
Je me souviens avoir un jour entendu une interview d'un homme qui occupait un poste très important dans une grande société. À la fin de l'entretien, il a confié au journaliste : « Vous savez quelle est la plus grande source de stress pour les hauts dirigeants ? Nous avons un ego démesuré et, en fait, une bien piètre estime de nous-mêmes ! »

Un trop-plein d'énergie

Certaines personnes ne se dépensent pas assez physiquement et peuvent tout simplement avoir besoin de « faire sortir » toute cette énergie accumulée – de sentir qu'elles sont « en vie » – notamment en saisissant toutes les occasions de se lancer avec fougue dans des disputes violentes.

Astuces pour gérer les gens hostiles

Une personne dont le dynamisme se traduit par une sorte d'hostilité risque fort de ne pas se rendre compte des conséquences de son comportement si elle ne prend pas le temps de réfléchir à l'effet qu'elle produit sur les autres.

Il est relativement facile de lui faire prendre conscience de cela, tout en lui suggérant de trouver d'autres manières de communiquer qui soient moins destructrices et qui restent efficaces, mais sans blesser personne. Les gens qui fonctionnent ainsi peuvent être très contrariés, voire anéantis, de prendre enfin conscience de leur inconséquence. Ils peuvent alors avoir besoin que vous les rassuriez en leur disant que vous savez bien que leur comportement blessant n'était évidemment pas délibéré.

Trouver le ton juste

Si une personne parle toujours trop fort, sur un ton insistant par exemple, il est bien possible qu'elle *pense* se comporter « normalement ». Vous pouvez alors lui conseiller calmement de prêter attention à sa voix et à son ton et de les comparer à ceux des autres personnes. Ce simple conseil peut très bien suffire. Après tout, l'hostilité dégagée par cette personne n'a jamais été voulue, seulement perçue.

Avez-vous déjà eu l'occasion de prendre un repas ou de boire un verre dans un restaurant ou un bar dans une zone très fréquentée à l'heure du déjeuner? Vous estimez peut-être que se jeter sur un client pour lui demander d'un ton sec « Vous prendrez quoi? » ou « Qu'est-ce que je vous apporte? » est impoli, abrupt et traduit un manque de savoir-vivre, mais le fait est qu'en agissant ainsi, le serveur auquel vous avez affaire ne souhaite qu'être efficace, vous servir rapidement et obtenir un gros pourboire pour sa peine ! Son comportement est « normal » dans ces circonstances précises et il n'a absolument rien d'hostile. De même, se comporter « normalement » au sein d'une famille nombreuse dans une grande maison bruyante peut très bien signifier avoir à crier pour être entendu et agir rapidement pour ne pas être mis de côté. En revanche, un tel comportement au travail peut être interprété comme hostile car il écrase toutes les autres personnes.

Surmonter l'hostilité

« Qu'est-ce qui ne va pas ? » ou « Quel est ton problème ? » sont des questions pièges qui risquent fort de se retourner contre vous et auxquelles vous n'obtiendrez sans doute que des réponses désagréables et peu constructives telles que « Tu le sais très bien ! », « Eh bien si tu n'es même pas capable de t'en souvenir, c'est que ça n'a vraiment aucune importance pour toi ! » ou « Ce n'est pas *mon* problème ! » Une telle réaction est tout à fait compréhensible quand on sait que la personne à laquelle on s'adresse est en train de revivre quelque chose qui l'a beaucoup blessée.

« Quelque chose ne va pas ? » peut aboutir au même type de réaction, mais comme c'est une question fermée, vous obtiendrez une réponse plus courte comme « Non ! », « Tu le sais très bien ! » ou équivalent.

Vous devez donc assumer pleinement le fait que vous voulez arranger les choses et faire avancer la situation, sans rien reprocher à qui que ce soit et sans raviver les douleurs du passé. Il peut être utile d'adopter la démarche suivante :

1. Dire ce que j'ai remarqué ;
2. Dire ce que j'ai ressenti de ce fait ;
3. Faire part de mes besoins insatisfaits pour l'instant ;
4. Formuler une demande en conséquence.

Et n'oubliez pas qu'il s'agit de vous : de ce que vous avez remarqué et ressenti, de vos besoins, de votre demande. Il n'est pas question de montrer l'autre du doigt et de lui dire ce qu'il ressent ou souhaite. Parler au nom de l'autre peut être indiscret et risque de ne mener nulle part. Vous vous souvenez sûrement d'une occasion lors de laquelle quelqu'un vous a dit : « Vous devez vous sentir tellement XY », alors que ce n'était pas du tout le cas !

EXEMPLES

Aidez-moi à vous aider

« J'ai constaté que vous avez tendance à mal me parler depuis quelque temps et cela m'inquiète car je dois m'assurer que toute l'équipe, vous y compris, garde nos objectifs en tête. Donc est-ce que je peux vous demander de me dire ce que je dois faire pour arranger les choses selon vous ? »

Ensuite, il est très important que vous marquiez une pause silencieuse. Ce genre de question doit être analysée et intériorisée (par exemple la personne doit se dire : « Qu'est-ce qu'il doit faire pour arranger les choses selon moi ? ») avant que l'on puisse y répondre.

Cependant, si le silence dure trop longtemps, vous pouvez proposer à votre interlocuteur d'y réfléchir et de vous retrouver plus tard, en précisant où et quand, afin de poursuivre cette discussion.

« Nous avons parlé de vous... »

« Nous avons remarqué que vous vous faites plus discret et que vous vous tenez à l'écart des autres membres de l'équipe depuis quelque temps. Or je tiens au bien-être de chacun, j'ai donc besoin de savoir ce que je dois faire ? »

(Si le fait de dire « Nous avons remarqué... » suscite une réaction hostile comme : « Alors vous avez tous parlé de moi dans mon dos, c'est ça ? », vous ne craignez absolument rien en étant honnête et en suivant la démarche en quatre étapes exposée plus haut. Par exemple, vous pouvez dire : « Bien sûr que nous avons parlé de vous, parce que nous nous soucions de vous en tant que membre de notre équipe, et nous voulons et devons savoir comment nous pouvons vous aider. Nous pouvons peut-être en parler, maintenant ou après le travail ? »

« Vous ne pouvez pas me contredire, M. Leibling »

Un jour, alors que je travaillais dans le magasin de chaussures dont j'ai déjà parlé, j'ai contredit M. Martin, le gérant du magasin.

« M. Leibling, m'a-t-il dit de sa voix douce, vous ne pouvez pas me contredire comme cela. »

« Désolé M. Martin », ai-je marmonné, en pensant qu'il disait cela parce qu'il était mon chef et que je n'étais qu'un tout jeune employé.

« Vous ne comptez pas me demander pourquoi vous ne pouvez pas me contredire ? », m'a-t-il gentiment demandé. « Désolé M. Martin, ai-je encore marmonné. Pourquoi est-ce que je ne peux pas vous contredire ? »

« Parce que j'ai commencé ma phrase par "Je pense". Quand quelqu'un commence une phrase par "Je pense...", "J'estime...", "Je suis convaincu..." ou "Je veux...", comment pourrait-on lui dire qu'il *ne pense pas* ceci, qu'il *n'estime pas* cela, qu'il *n'est pas convaincu* de telle chose ou qu'il *ne veut pas* telle autre chose ? »

19

Les impatients

qui peuvent aussi être intolérants ou excessifs et passer leur temps à se plaindre.

Ce qui nous met hors de nous

Les impatients sont tout simplement incapables d'attendre. Tout est toujours fait trop lentement et prend trop de temps, sauf quand c'est à eux de faire quelque chose.

Mais que se passe-t-il ?

Parfois ces gens n'ont aucune idée du temps nécessaire pour effectuer telle ou telle chose, ils ont donc des attentes qui ne sont pas réalistes (après tout, on ne peut être déçu que si l'on a certaines attentes).

Ce sont parfois des gens qui font tout à la dernière minute, soit parce qu'on se décharge sur eux de tâches urgentes, soit parce qu'ils ne savent tout simplement pas planifier les choses à l'avance. Il arrive aussi que ce soit des gens qui ont une idée très précise de *la manière* dont ils veulent qu'une chose soit faite et qui attendent des autres qu'ils s'y prennent exactement de cette manière, même s'il y a d'autres moyens plus adaptés/moins coûteux/plus simples/plus rapides d'aboutir au même résultat.

Il est également courant chez certaines personnes de penser qu'elles sont en droit de malmener leurs collaborateurs en ne leur accordant pas suffisamment de temps pour accomplir leur travail d'une part, et que ces gens devraient travailler jour et nuit pour les satisfaire d'autre part.

Astuces pour gérer les impatients

Il existe de nombreux moyens d'agir sur l'impatience chronique de quelqu'un, cependant mieux vaut ne pas le faire quand cette personne est en pleine crise et prête à sauter au plafond, mais plutôt à un moment calme.

Éviter la crise de panique

Les gens ont souvent des crises de panique le vendredi après-midi, en particulier juste avant leurs vacances (ou les vôtres) ou à la veille d'un long week-end. Si vous savez que telle personne n'est pas très douée pour planifier les choses à l'avance, essayez de l'appeler quelques jours avant la date fatidique et demandez-lui ce qu'elle attendra de vous ou, le cas échéant, ce que son supérieur attendra d'elle, ce qui vous permettra de vous organiser.

J'aurais bien besoin de vos conseils...

Sous prétexte de pouvoir profiter de ses conseils d'expert, vous pouvez suggérer à un supérieur impatient de vous superviser ou de venir voir avec vous, si ce n'est pas vous-même, la personne qui *exécute* ses instructions, afin qu'il puisse se rendre compte par lui-même de ce que ses demandes impliquent concrètement.

N'hésitez pas à lui demander s'il a des conseils à formuler pour accélérer les choses, car il est bien possible qu'il ait de bonnes idées. Votre supérieur saura, car il l'aura vu par lui-même, quelles réalités se cachent derrière ses instructions, aussi pourrez-vous dans de futurs moments de panique lui rappeler quel processus doit être mis en œuvre, combien de temps cela prend, etc. Vous pourrez également lui demander alors s'il souhaite laisser certaines choses de côté ou s'il peut vous accorder un délai plus important.

Quoi ou comment ?

Quand on me demande de faire quelque chose, j'essaie toujours de distinguer *ce que* je dois faire de *la manière* dont on me suggère de le faire. Après tout :

- Je ne serai peut-être pas en mesure de faire comme on me l'a suggéré,
- Et cette manière de faire est peut-être plus longue,
- Et plus coûteuse,
- Et moins efficace,
- Et c'est pourquoi cette manière de faire les choses pourrait finalement être moins indiquée pour parvenir au résultat attendu que ma propre manière de faire, fondée sur mes savoir-faire et mes compétences (en partant du principe qu'aucune considération sanitaire ou de sécurité n'entre en jeu).

Donc en général :

1. Je vérifie que j'ai bien compris ce que l'on attend de moi, en prenant soin de demander quand, où et sous quelle forme ces résultats sont attendus.
2. Je souligne ensuite le fait que l'on m'a demandé de procéder d'une certaine manière et je demande à mon interlocuteur si cela lui convient que je procède de la façon qui me convient le mieux (et je décris cette façon de faire si cela le rassure ou me rassure moi-même).

Proposer une remise

Il semble que ce soit un immense plaisir pour certaines personnes d'insister lourdement sur l'urgence des travaux à réaliser et sur la nécessité de respecter les échéances fixées, mais payer pour cela est loin de leur faire autant plaisir et elles rechignent à assumer les coûts supplémentaires dus aux tarifs d'urgence, à la nécessité de travailler en soirée et le week-end ou au recours à des sous-traitants par exemple.

Pour ma part, je propose donc des *remises*. Voila ce que je peux dire à un client: « Oui, cela peut tout à fait être fait pour X heures aujourd'hui. Cependant, vous pourriez économiser Y % du coût total si nous vous rendions tout cela pour demain à 9 heures, et même Y+Z % si nous vous le rendions demain à 15 heures. » (Puis vient le moment crucial...) « Laquelle de ces solutions vous convient-elle le mieux? » (Et naturellement la remise sera calculée à partir d'un tarif d'urgence tenant compte des coûts supplémentaires.)

Faire plaisir...

Si mon interlocuteur aime jouer les chefs et essayer de m'intimider, cela ne me fait rien de lui accorder ce plaisir, tout en sachant pertinemment que son petit jeu ne prend pas avec moi et que je ne me sens pas vraiment tyrannisé.

Vous pouvez donc parfaitement lui dire des choses susceptibles de flatter l'ego de votre interlocuteur comme :

- « Eh bien puisque vous êtes si dur en affaires... »
- « Eh bien puisque c'est vous... »
- « Nous ne pourrions pas faire cela pour n'importe qui mais... »

en gardant à l'esprit le fait que cela lui fait plaisir sans vous faire de mal et que, de toute façon, il finira par payer pour son impatience !

20

Les gens fougueux et impulsifs

Ce qui nous met hors de nous

Certaines personnes ne peuvent s'empêcher de dire la première chose qui leur passe par la tête avant même que l'on ait fini de parler. D'autres s'empressent de passer à l'action alors que l'on est encore en train de leur expliquer ce qui doit être fait ou sans penser aux conséquences de ce qu'elles vont faire. Ces personnes peuvent être persuadées d'être rapides et efficaces, mais il faut souvent revenir sur ce qu'elles ont dit ou fait. Elles ont tendance à reprocher aux autres de leur avoir mal expliqué les choses ou d'avoir changé d'avis, alors qu'en fait elles n'avaient pas pris le temps d'écouter avant d'agir.

Mais que se passe-t-il ?

Souvent, un comportement fougueux et impulsif s'explique par un désir courant, mais déplacé, de trouver la « bonne » réponse rapidement. Cette attitude peut remonter à l'enfance puisqu'à l'école il était très bien vu par certains enseignants d'être le premier à lever la main et à donner la bonne réponse. Ces enseignants commettaient une grave erreur parce que tous les enfants qui étaient plus lents et qui prenaient le temps de bien réfléchir n'avaient aucune chance avec ces « règles du jeu » qui donnaient en outre le sentiment que la première réponse valait davantage que celle qui résultait d'une véritable réflexion.

Astuces pour gérer les gens fougueux

Merci d'y réfléchir

Si vous voulez qu'une personne prenne le temps de réfléchir avant de vous répondre ou d'agir, essayez de lui expliquer non seulement ce que vous voulez, mais aussi comment vous souhaitez qu'elle aborde la question. Dites-lui par exemple : « Avant que vous répondiez/agissiez, je voudrais que vous me rédigiez une petite note synthétisant tous les cas de figure auxquels vous pensez, en précisant, pour chacun d'entre eux, quels seraient les conséquences/risques/avantages à court, moyen et long terme. » Le fait de devoir écrire obligera cette personne à réfléchir davantage. Si cela ne fonctionne pas, utilisez des mots ou expressions comme « réfléchi », « véritable réflexion », « approfondi » ou « qui mettrait en jeu votre réputation professionnelle » et laissez votre interlocuteur y réfléchir au moins jusqu'au lendemain. S'il vous apporte sa réponse trop rapidement, dites-lui que vous ne pensez pas qu'il ait eu suffisamment de temps pour bien réfléchir à la question et que vous tenez à avoir son opinion sur tous les cas de figure possibles.

Réfléchissez à ce que vous me demandez

Si quelqu'un vous presse de lui apporter une réponse immédiate et que cela vous met mal à l'aise ou que vous êtes incapable de répondre sur-le-champ, essayez de lui faire penser aux conséquences de ce qu'il attend de vous. Par exemple : « Je veux bien vous donner tout de suite les premières idées qui me viennent à l'esprit ou d'autres plus élaborées dans une heure ou encore d'autres qui seront le fruit d'une mûre réflexion demain matin. Lesquelles voulez-vous entendre ? » Cette réponse laisse à votre interlocuteur la liberté de décider quelle réponse lui convient en fonction du degré d'urgence de la situation.

Attaquez le problème de front

Au calme, vous pouvez très bien entreprendre de corriger ce défaut en parlant avec la personne concernée. Vous pouvez par exemple lui dire : « Vous êtes très bon quand il s'agit de passer rapidement à l'action, mais vous ne prenez pas le temps de réfléchir à toutes les conséquences de vos actes, c'est pourquoi nous avons souvent dû refaire votre travail ou vous demander de le refaire vous-même. » (Veillez à avoir quelques exemples récents à lui citer au cas où elle vous regarderait avec de grands yeux étonnés.) « Que pouvons-nous faire pour vous aider à adopter une démarche plus réfléchie dans votre travail ? »

Ou encore : « Vous m'avez demandé de prendre beaucoup de décisions très rapidement ces derniers temps (là encore, n'oubliez pas d'avoir quelques exemples à votre disposition), et cela ne m'a pas gêné de le faire, mais je préférerais prendre des décisions auxquelles j'ai vraiment pu réfléchir ou discuter avec vous des différentes options possibles. Que pourrions-nous faire pour être plus performants dans nos prises de décisions ? » (Vous pouvez avoir quelques suggestions à formuler, auquel cas vous encouragerez votre interlocuteur à prendre le temps d'y réfléchir plutôt que d'acquiescer avec fougue immédiatement !) « Peut-être pourriez-vous m'informer des projets en cours au moment où vous en êtes informé vous-même ? Peut-être pourriez-vous me transmettre directement les points à étudier pour gagner du temps ? Peut-être pourriez-vous prendre les décisions vous-même, car rien ne vous oblige à demander systématiquement mon aval. »

21

Les indécis

qui éprouvent souvent des difficultés à prendre des décisions.

Ce qui nous met hors de nous

C'est extrêmement frustrant, quand on attend ou quand on a besoin que quelqu'un prenne une décision, de n'obtenir pour toute réponse qu'un vague : « Je ne sais pas, vraiment, je ne suis pas sûr. » ou « Je dois prendre une décision maintenant ? » ou « Mais pourquoi vous ne décidez pas vous-même ? » ou encore « Je ne peux vraiment pas décider. » Et on imagine facilement la frustration qu'éprouve cette personne.

Mais pourquoi serait-ce à nous de nous arracher les cheveux quand quelqu'un d'autre ne parvient pas à se décider ?

Mais que se passe-t-il ?

De nombreuses raisons expliquent ce genre de comportement et, heureusement, des astuces permettent d'y remédier.

Savoir ce qu'on ne veut pas

Certaines personnes sont plus douées pour savoir ce qu'elles *ne veulent pas* plutôt que ce qu'elles veulent.

Une astuce pour gérer les indécis qui savent mieux ce qu'ils ne veulent pas que ce qu'ils veulent

Procéder par élimination

Demandez à cet indécis tout ce qu'il ne veut pas jusqu'à ce que sa liste soit épuisée. Ensuite, vous pourrez peut-être vous intéresser ensemble aux solutions restantes. Et ne vous attendez surtout pas à une réaction enthousiaste de sa part. Au mieux, étant donné sa manière de prendre des décisions, vous obtiendrez quelque chose comme : « Eh bien je suppose que ce ne serait pas mal de faire cela » ou « Pourquoi pas... »

Voici une procédure qui vous paraîtra peut-être très simple mais dont la dernière étape est cruciale et pourtant souvent négligée.

1. Avec la personne concernée, dressez une liste de critères à prendre en compte pour prendre la décision.
2. Pondérez chacun de ces critères.
3. Attribuez une note à chacune des solutions possibles.
4. Laissez la personne qui doit prendre la décision *éliminer* les solutions qui ressortent de cette analyse si elle le souhaite !

Par exemple, si vous devez choisir un site parmi plusieurs possibilités pour implanter vos nouveaux locaux, vous pouvez tenir compte des critères suivants :

- Facilité d'accès pour les employés actuels;
- Disponibilité d'une main-d'œuvre qualifiée à l'échelle locale;
- Situation géographique attrayante et/ou proximité de commerces et de services;
- Rapport qualité-prix, etc.

Vous pouvez ensuite pondérer chacun de ces critères, par exemple:

- Facilité d'accès pour les employés actuels (7 points sur 10);
- Disponibilité d'une main-d'œuvre qualifiée à l'échelle locale (8);
- Situation géographique attrayante et/ou proximité de commerces et de services (5);
- Rapport qualité-prix (8).

Vous pouvez ensuite attribuer une note sur dix à chaque site en fonction de chacun des critères:

- Facilité d'accès pour les employés actuels (3);
- Disponibilité d'une main-d'œuvre qualifiée à l'échelle locale (3);
- Situation géographique attrayante et/ou proximité de commerces et de services (2);
- Rapport qualité-prix (10).

L'avant-dernière étape consiste alors à multiplier la note de chacun des critères pour chaque site par le nombre de points de pondération de chaque critère pris en compte, puis à additionner tous ces résultats pour voir quel site obtient le plus grand nombre de points.

Pour finir, vous devez laisser la personne qui doit prendre la décision libre de ne pas choisir l'une des solutions qui semblent s'imposer, parce que c'est sa manière de procéder!

De cette manière vous pouvez continuer à éliminer les différentes solutions jusqu'à ce qu'il n'en reste plus qu'une.

Quand on se sent submergé

Certaines personnes sont incapables de prendre une décision quand trop de facteurs entrent en ligne de compte : elles se sentent dépassées, submergées. C'est comme si elles avaient devant elles un mélange de pièces appartenant à différents puzzles et cela peut être très stressant.

Une astuce pour gérer les indécis qui se sentent submergés

Laisser la décision mûrir

Voici un bon truc pour les gens qui ne parviennent pas à prendre des décisions quand un grand nombre de facteurs entrent en ligne de compte. Si j'en crois mon expérience, on ne peut pas se forcer à prendre une décision importante : celle-ci s'impose d'elle-même quand vient le bon moment. C'est la raison pour laquelle quand nous prenons une décision sous la contrainte et qu'ensuite les choses se passent mal, nous avons tendance à dire des choses comme : « Tu sais, j'avais comme un pressentiment, je sentais que les choses allaient mal se passer. » C'est ce que l'on appelle l'instinct, qui se manifeste à l'encontre de cette soi-disant « décision » qu'on nous arrache.

En quoi cela nous aide-t-il ? Eh bien si une décision semble vraiment impossible à prendre, c'est souvent parce que l'on a besoin d'informations complémentaires pour la prendre en toute connaissance de cause, au lieu de faire à la va-vite un choix qui au fond semble « mauvais ».

Alors que faire ? C'est très simple. Demandez-vous : « De

quoi ai-je besoin maintenant? Que me manque-t-il pour pouvoir prendre cette décision en toute connaissance de cause? » Mieux encore: demandez à quelqu'un d'autre de vous poser ces questions (ou imaginez-vous qu'on vous les pose) et veillez à ce que cette personne insiste bien et ne cesse de vous demander « Et quoi d'autre? » jusqu'à ce que vous ayez pensé à tous les éléments qui vous manquent. N'oubliez pas que « la nuit porte conseil »: n'hésitez pas à vous poser à nouveau ces questions le lendemain pour vous assurer de ne rien oublier.

Une fois que vous disposerez de toutes les informations nécessaires, la décision s'imposera d'elle-même rapidement. (Après tout, c'est ainsi que les choses se passent pour les décisions *faciles* à prendre: une fois toutes les informations en main, la décision s'impose sans que nous ayons vraiment besoin d'y réfléchir.)

Les dilemmes

Quand il faut prendre une décision, on a parfois le sentiment de:

- N'avoir qu'un choix possible, c'est de la contrainte.
- En avoir deux, c'est un dilemme.
- Et que quand trois solutions satisfaisantes ou davantage sont envisageables, on peut commencer à réfléchir et à faire un véritable choix.

Être contraint à choisir la *seule* option possible peut être une source de stress. Les gens se sentent souvent oppressés quand ils ont le sentiment qu'ils « devraient » ou « doivent » faire ce qui de toute façon paraît la seule chose possible. Ils se sentent « obligés » de le faire. C'est à prendre ou à laisser: au fond ils n'ont pas le choix.

On pourrait donc penser qu'il vaut mieux avoir le choix entre deux possibilités, mais si aucune des deux ne semble convenir, on se retrouve face à un dilemme dont l'issue est rarement satisfaisante.

Il est donc tout à fait indispensable d'avoir le choix entre trois solutions satisfaisantes au moins.

Une astuce pour gérer les indécis qui ne parviennent pas à se sortir d'un dilemme

Élargir l'éventail des possibilités

Si une personne ne voit qu'une seule solution possible, aidez-la à élargir sa réflexion en lui suggérant cinq ou six « peut-être que... » (J'ai remarqué que cinq ou six « propositions » permettent aux gens d'approfondir un peu leur réflexion sans les orienter dans une direction trop précise. Même si quelques-unes d'entre elles semblent un peu absurdes, on ne sait jamais d'où peut venir une bonne idée.) Par exemple, si un ami ne sait pas s'il doit accepter l'invitation à dîner de son patron, vous pouvez lui faire les suggestions suivantes :

- « Peut-être peux-tu lui demander quel est l'objet de ce dîner ? »
- « Peut-être peux-tu te renseigner pour savoir qui seront les autres convives ? »
- « Peut-être peux-tu lui demander s'il a des arrière-pensées ? »
- « Peut-être peux-tu lui dire que l'idée de dîner avec lui te met mal à l'aise ? »
- « Peut-être peux-tu lui demander s'il s'agit d'un dîner informel ou d'un dîner professionnel ? »
- « Peut-être peux-tu lui demander si d'autres collaborateurs sont eux aussi invités ? »

Si quelqu'un n'arrive pas à se sortir d'un dilemme, procéder de la même manière peut l'aider. Il peut également s'avérer utile d'introduire une troisième possibilité en lui demandant : « Et si tu faisais les deux ou ni l'un ni l'autre ? » Par exemple, si votre ami ne sait pas s'il doit aller dîner avec son patron ou s'il doit aller à la réunion parents-professeurs de son fils, proposez-lui :

- « Peut-être peux-tu faire *les deux,* en demandant à ton patron d'organiser ce dîner un autre jour ? »
- « Peut-être peux-tu ne faire *ni l'un ni l'autre* : veux-tu vraiment aller à ce dîner ou à cette réunion ? »

Et si vraiment aucune autre solution ne trouve grâce à ses yeux, vous pouvez encore suggérer :

- « Peut-être peux-tu laisser la nuit te porter conseil et y repenser demain ? »
- « Peut-être peux-tu essayer d'imaginer ce que ferait ton meilleur ami/ton parent le plus proche ? »
- « Peut-être peux-tu me dire quel conseil tu souhaiterais vraiment entendre de ma part ? » (Et surtout gardez-vous de donner le moindre conseil ! C'est son problème et c'est à lui de le résoudre. Pour y arriver, il a besoin de glaner davantage d'informations, jusqu'à ce que la décision s'impose d'elle-même.)

Où se cache cette décision ?

Dedans

Chez certaines personnes la décision semble venir de l'intérieur : elles parlent d'« intuition » ou disent qu'elles « sentent » les choses. Les autres peuvent alors avoir du mal à comprendre ce qui motive cette décision, parce que celui qui l'a prise éprouve toutes les peines du monde à se justifier. Il dit généralement : « Je ne peux pas l'expliquer, c'est juste que je sais/sens que c'est cela qu'il faut faire. » Demander pourquoi ne mène alors nulle part et la réponse tient en un seul mot : « Parce que. » Parfois, demander pourquoi ne fait que réduire la personne au silence et mettre un terme à la conversation. Même si la question est posée sans aucune arrière-pensée, elle peut être interprétée comme un manque de confiance.

Une astuce pour gérer les indécis qui « sentent » les choses

Expliciter le ressenti

Il peut être utile pour une personne qui a tendance à écouter son instinct pour prendre ses décisions de s'habituer à exprimer ce qu'elle pense à haute voix ou par écrit, de manière à pouvoir expliquer son raisonnement aux autres. Des questions telles que : « Et quelle est notre place dans ce projet ? » ou « Et comment imagines-tu que cela se passera à long terme ? » peuvent l'aider à expliciter ses idées.

Bien évidemment, elle n'a pas encore pensé à tous les détails et elle aura besoin d'un peu de temps pour réfléchir « à haute voix » ou tranquillement. Vous pouvez aussi l'aider à préciser sa pensée en lui demandant de vous rendre une note écrite.

Où se cache cette décision ?

Dehors

D'autres personnes ne prennent jamais de décisions mais cela passe inaperçu. Elles rassemblent des données objectives puis elles font une sorte de commentaire impersonnel, comme : « Étant donné les chiffres, il est évident qu'il faut faire cela... » ou « J'ai discuté de cela avec quelques personnes et nous allons faire XY... » Il serait quasiment impossible de leur faire dire ce qu'elles pensent elles-mêmes de la situation ou de la décision, tout simplement parce qu'elles n'en pensent rien.

Une astuce pour gérer les indécis qui ne prennent pas les décisions eux-mêmes

Pas de pression

Pensez à la valeur de ces gens pour leur capacité d'analyse objective. Cela les mettrait mal à l'aise que vous fassiez appel à eux en tant qu'individus (ayant des idées et des sentiments). Demandez-leur leur avis (objectif) sur la situation, mais ne leur posez pas de questions sur leur opinion (personnelle).

22

Les gens qui manquent d'assurance

et qui ont une mauvaise opinion d'eux-mêmes, qui ont constamment besoin d'être rassurés, qui ont peu d'amour-propre, qui se prennent pour des victimes et qui peuvent aussi être fragiles, introvertis, solitaires, hypersensibles, timides, susceptibles.

Ce qui nous met hors de nous

Avec certaines personnes, on a toujours l'impression de « marcher sur des œufs ». Il faut « faire attention » et « surveiller ce que l'on dit » car on risque de les « provoquer » ou de les « contrarier ». Il peut être très délicat de diriger une équipe dont un des membres manque d'assurance. Souvent ces personnes ont mis au point des stratégies pour donner le change, aussi mentiront-elles en déclarant d'un ton péremptoire : « Oui, ça me va très bien » tout en vous fixant d'un regard qui trahit le tumulte intérieur qui les a envahies. (Le regard fixe est d'ailleurs la conséquence du fait que toute l'attention est mobilisée dans un seul but : avoir l'air sûr de soi, montrer que l'on se maîtrise, que l'on ne panique pas. Les yeux d'une personne décontractée clignent naturellement et regardent partout aux alentours.)

Cependant, quelles que soient les circonstances, les gens peu sûrs d'eux-mêmes peuvent se vexer très rapidement, ce qu'il vaut mieux éviter bien entendu.

Mais que se passe-t-il ?

Une personne repliée sur elle-même peut tout simplement avoir des soucis et être préoccupée. De ce fait, son attention se tourne tout naturellement *vers l'intérieur* et se détourne de tous les éléments extérieurs comme le travail ou les autres gens. Cette personne risque alors de se couper des autres car elle ne parvient déjà pas à faire face à ce qu'elle traverse en son for intérieur.

D'une manière plus générale, il existe de nombreuses raisons pour lesquelles les gens manquent de confiance en eux, ont une piètre opinion d'eux-mêmes et se sentent donc mal à l'aise. D'ailleurs ces raisons s'ajoutent souvent les unes aux autres et contribuent à fragiliser la personne. En voici quelques-unes parmi les plus courantes :

- Avoir pour habitude de prendre au pied de la lettre et comme des attaques personnelles des commentaires tels que : « vous êtes idiot » ou « vous n'arriverez jamais à rien » (ce que l'on appelle souvent « prendre les choses à cœur »).
- Avoir tendance à confondre « ne pas avoir été doué pour faire quelque chose » (commentaire formulé au passé, qui concerne une compétence qui peut être acquise) avec « ne pas être doué » (jugement implacable qui vaut pour le présent comme pour le futur et qui porte sur la personne elle-même).
- Se comparer avec des gens qui sont très doués dans un domaine donné après des années d'expérience,

alors que l'on ne fait que débuter dans ce domaine.

- Envisager les événements à venir à la lumière d'événements antérieurs qui se sont mal passés en se disant par exemple : « On va rejeter la faute sur moi comme d'habitude » ou « Elle va encore me dire que mon travail ne vaut rien ».

La plupart des gens ne sont pas capables de faire le lien entre leur manque d'assurance et ce qui le provoque, par exemple des remarques désagréables. Ainsi s'ils ont reçu plus que leur part de « Vous êtes complètement idiot » et de « Vous ne servez à rien » (jugements définitifs formulés au présent), ces commentaires ont pu pernicieusement influencer leur propre perception d'eux-mêmes, jusqu'à ce qu'ils soient convaincus de leur véracité.

Astuces pour gérer les gens qui manquent d'assurance

Vous pouvez les aider de nombreuses façons, en leur donnant de l'air, tout en les soutenant et en les respectant.

Soyez précis

En cas de doute, soyez précis. Aidez-les à penser et à parler de choses précises. Par exemple, si quelqu'un vous dit : « Je suis nul pour faire X », demandez-lui des détails, des précisions : « Qu'est-ce qui vous semble difficile exactement dans le fait de faire X ? Qu'est-ce qui pourrait faciliter les choses pour vous à l'avenir ? » En posant ces questions vous passez :

- du plan personnel ;
- du présent ;
- d'une soi-disant vérité « générale »

à une manière de penser différente où il est question :

- de comportement, de savoir-faire ;
- du passé et du futur, qui sont bien distincts ;
- de choses précises.

Cette démarche aide votre interlocuteur à faire la différence entre ses échecs passés et les événements à venir. Elle risque bien de le plonger dans des abîmes de perplexité s'il a pris l'habitude de se sentir nul rien qu'en disant « Je suis nul... »

N'oubliez surtout pas que vous devez clairement faire la part des choses entre un « passé » qui a fait naître un sentiment négatif, un présent qui est ce moment où vous êtes en train de parler de choses précises et un futur qui pourrait être plus positif. Il est probable que votre interlocuteur n'a jamais su (passé !) analyser les choses de cette manière et qu'il éprouvait jusqu'ici une certaine panique en pensant à tout cela.

Il est important de souligner trois autres éléments :

- Premièrement, l'emploi de l'adverbe « exactement » aide votre interlocuteur à comprendre qu'il doit se concentrer sur les détails au lieu de se perdre dans la confusion de ses émotions.
- Deuxièmement, vous respectez sa position en ne revenant pas sur ce qu'il vient de dire (vous ne dites pas : « Mais bien sûr que non, tu n'es pas nul pour faire X... »).
- Troisièmement, en posant la question : « Qu'est-ce qui vous semble difficile exactement dans le fait de faire X ? » et en restant à ses côtés, vous l'aidez rien que par votre présence, par votre soutien, en ne le laissant pas seul alors qu'il risque de voir les choses encore plus en noir (« Non seulement je suis nul pour faire X..., mais je ne peux même pas expliquer pourquoi ! »)

Quand la vérité se veut universelle

Au moins le jugement émis dans l'exemple ci-dessus (« Je suis nul pour faire X ») se limite-t-il à un domaine précis. Certaines affirmations ont en revanche une portée « universelle ». C'est le cas de : « Je suis pitoyable/stupide/nul/bon à rien. »

Il peut être utile de prendre ces phrases au pied de la lettre et de demander : « Dans tous les domaines ? » En posant cette question, vous respectez l'opinion exprimée par votre interlocuteur au lieu de la nier (en vous écriant : « Mais bien sûr que non ! » par exemple), tout en invitant ce dernier à réfléchir à ce qu'il vient de dire au lieu de rester enfermé dans cette mauvaise image de lui-même. Votre question présente aussi l'avantage de passer d'un plan personnel à un plan extérieur à la personne : il est question d'activités et non plus de ce qu'« est » la personne.

Vous pouvez également essayer d'aider votre interlocuteur à relativiser les choses. Interrogez-le sur ce qu'il fait en dehors de la sphère professionnelle : « Et comment vous en sortez-vous en sport/cuisine/X ? Qu'aimez-vous faire ? » Saisissez la première occasion qu'il vous donne (par exemple en vous disant : « Eh bien je crois que les gens aiment bien quand je fais la cuisine… ») de lui faire voir les choses d'un autre œil. Commencez par l'encourager à parler de ce qu'il *sait* manifestement faire et veillez à l'aider à prendre conscience du fait que c'est une chose à laquelle il se consacre depuis longtemps, ce qui lui a permis d'acquérir des connaissances dans ce domaine, de prendre de l'assurance petit à petit, alors qu'il doit justement faire face à bon nombre de choses nouvelles au travail.

Vous pouvez ensuite lui demander ce qu'il aime faire d'autre (autrement dit, les autres choses pour lesquelles il est doué), ce qui vous permettra de souligner, gentiment bien sûr, que sa remarque initiale, « Je suis pitoyable/stupide/nul/bon à rien », n'est manifestement pas tout à fait exact !

Enfin, et c'est une dernière étape importante car très constructive, poussez la discussion plus loin en demandant avec douceur : « Alors de quelle aide auriez-vous besoin exactement pour apprendre à faire X tout comme vous avez petit à petit appris à cuisiner ? » Soyez prêt à accorder à votre interlocuteur un certain temps de réflexion car il y a fort à parier qu'il n'avait jamais envisagé les choses sous cet angle jusqu'à présent.

Ne parlez que des faits

Restez-en à ce que la personne a dit ou fait et évitez de parler de ce qu'elle « est ». C'est là une règle d'or à toujours respecter quand vous donnez votre avis à quelqu'un. De cette manière, votre interlocuteur sait précisément ce qu'il a bien fait et, par conséquent, ce qu'il doit continuer à faire. Par exemple :

- « Votre présentation était claire et synthétique » (et non « Vous êtes un bon orateur »).
- « Vous donnez confiance aux stagiaires en les accompagnant dans leur travail pour répondre à leurs questions au fur et à mesure qu'elles se posent » (et non « Vous êtes doué avec les stagiaires »).

Les limites

N'oubliez jamais qui vous êtes : vous êtes peut-être le supérieur de cette personne qui manque d'assurance, peut-être son ami ou son collègue, mais certainement pas son conseiller personnel à temps plein ou son psy. Même si vos intentions sont éminemment louables, vous avez votre propre travail à faire et votre vie à mener, vous ne pouvez donc pas être disponible pour elle à longueur de temps.

Sachez voir quand les choses vont trop loin

Vous devez savoir qu'il y a des gens qui manquent tellement d'assurance que *quasiment rien* de ce que l'on peut faire ne fonctionne. Si vous vous trouvez dans ce cas de figure, la personne souffre peut-être d'une forme de dépression, alors ne vous en mêlez pas ! La plus grande aide que vous puissiez lui apporter consistera à en parler avec un spécialiste et à la soutenir pendant qu'elle se fera aider par un professionnel.

Restez-en au plan professionnel

Il peut se passer tellement de choses dans la tête de cette personne que toute ingérence extérieure, aussi bien intentionnée soit-elle, risque de perturber tout cela et d'aggraver la situation. C'est la raison pour laquelle, excepté pour des motifs professionnels, il serait déplacé de votre part de vous immiscer dans sa vie ou de vous mêler de ses affaires.

Ne pas s'aventurer dans les profondeurs

Le plus sûr est d'évoquer les questions professionnelles de manière impersonnelle, en s'en tenant aux faits. On dira par exemple : « Ce délai de livraison posera-t-il un problème ? », plutôt que « Aurez-vous du mal à respecter ce délai de livraison ? »

Et si vous avez pu remarquer qu'une personne évite les sujets qui sont étrangers au travail (famille, week-ends, amis, etc.), contentez-vous d'aborder les questions professionnelles qui vont concernent tous deux.

De l'air !

Puisque manifestement cette personne est en proie à de vifs tourments intérieurs, contentez-vous de lui sourire et de la laisser tranquille. Vous lui envoyez ainsi un message sympathique et clair signifiant que vous n'avez pas l'intention de l'ennuyer ou de vous immiscer dans ses problèmes.

Pas même une vaguelette...

Je me souviens un jour avoir vu un homme se présenter pour la troisième séance d'un stage de formation que j'animais, alors qu'il avait été absent aux deux premières sans avoir été excusé. À peine est-il arrivé qu'il est venu m'expliquer qu'il devrait peut-être partir avant la fin, puis il est allé s'asseoir sur une chaise qu'il agrippait entre ses mains après l'avoir tirée dans un coin isolé près de la porte.

Quand l'heure de la première pause est arrivée, il s'est jeté sur moi, m'a expliqué qu'il savait déjà tout cela de toute façon, puis il est parti à toute vitesse. J'ai appris plus tard qu'il devait alors faire face à une terrible maladie, qu'il était en instance de divorce et que d'autres catastrophes s'étaient abattues sur lui, tant et si bien que comme on peut aisément le comprendre, il ne se sentait plus capable de gérer quoi que ce soit.

Je revois cet homme, accroché à sa chaise comme à un canot de sauvetage, et l'expression « garder la tête hors de l'eau » me vient à l'esprit. Il est somme toute bien compréhensible que quand quelqu'un parvient à peine à « garder la tête hors de l'eau », la dernière chose que cette personne souhaite, c'est que l'on provoque des vagues, voire même des vaguelettes.

Le truc de JFK

Quand les gens pensent qu'ils devraient « tout » savoir, j'aime leur raconter cette histoire.

Le président américain John Fitzgerald Kennedy était, disait-on, très sûr de lui lorsqu'il parlait en petit comité, mais très mal à l'aise lorsqu'il devait s'adresser à de grands auditoires. Dorothy Sarner, sa coach, l'encourageait à penser à plusieurs choses qui lui donnaient confiance en lui. Trois d'entre elles sont très utiles à quiconque s'apprête à prononcer un discours ou faire une présentation. Il suffit de penser :

- « Je suis heureux que vous soyez là », sinon vous risquez d'avoir l'air renfrogné et anxieux ou de fixer le sol tout en vous disant : « Je suis vraiment nerveux de me retrouver face à vous tous ! »
- « Je suis heureux d'être là. »

- « Je sais ce que je sais », c'est-à-dire que vous disposez de toutes les informations dont vous devriez avoir besoin, pas davantage, mais pas moins non plus. Vous saurez répondre à un certain nombre de questions et vous saurez aussi quand vous devrez répondre : « Je dois me renseigner sur ce point avant de pouvoir vous répondre » ou « On ne m'a pas encore parlé de cela pour l'instant » ou encore « Je ne sais pas Marc, à vous de me le dire ! ».

Et enfin...

Certaines personnes se sentent sans cesse « sous pression » ou « stressées » parce qu'elles « visent la perfection » ou s'efforcent toujours de « repousser plus loin leurs limites ». Ces personnes trouveront peut-être cette petite histoire instructive.

On a demandé à Carl Rogers, psychothérapeute de renom, quel était son secret pour être si doué dans sa pratique professionnelle. Il a répondu : « Avant chaque séance avec un patient, je me dis que je suis "assez bien". Je ne suis pas "parfait" puisque de toute façon la perfection n'est pas humaine et ne serait pas suffisante. Mais je suis un être humain et rien de ce que ce patient peut dire ou ressentir ne peut m'être complètement étranger. Je peux donc l'aider, et c'est en cela que je suis assez bien. »

23

Les malhonnêtes

qui peuvent aussi être des fourbes, des menteurs, des manipulateurs, des arnaqueurs, des imposteurs et des personnes peu dignes de confiance.

Ce qui nous met hors de nous

Quand une personne dit une chose mais en fait une autre, on peut se sentir trompé, piégé ou manipulé.

Mais que se passe-t-il ?

Il ne s'agit pas ici de « pieux mensonges ». Par exemple, si une personne invitée à un mariage vous demande ce que vous pensez de son chapeau, dire qu'il est grotesque aurait des conséquences bien trop lourdes pour ne pas les balayer d'un gentil : « Il est bien. » (Et de toute façon cette personne ne vous aurait rien demandé si elle ne se doutait pas de la vérité. En vous posant cette question, elle vous invite à jouer à un petit jeu qui consiste à « faire semblant » avec elle. Elle a donc bien remarqué que vous avez hésité juste une seconde avant de répondre et elle vous saura éternellement gré de ne pas avoir menti effrontément tout en l'ayant ménagée.)

Ce dont nous voulons parler, ce sont des messages contradictoires et confus que les gens envoient parfois. Le message est trompeur quand quelqu'un vous dit « malgré tout le respect que je vous dois » et enchaîne avec des propos pleins de mépris ou quand vous découvrez que l'on a cherché à vous faire croire une chose et à vous en cacher une autre. Par exemple :

- Une personne dit une chose puis en fait une autre.
- On vous fait une promesse que l'on ne tient pas.
- Votre interlocuteur dit « non » à votre proposition tout en ayant l'air intéressé, puis il fait passer l'idée pour la sienne.

Quand on finit par comprendre que l'on a été trompé (on se sent alors idiot ou furieux ou bien on se rend compte du fait que l'on a été manipulé ou ridiculisé), on dit souvent : « Vous savez, j'avais comme un pressentiment... » ou « Je savais que cela arriverait ». En fait ce que la personne nous a dit a éveillé une certaine méfiance en nous, mais nous avons choisi de l'ignorer.

Astuces pour gérer les malhonnêtes

Écoutez-vous

Si vous avez un drôle de pressentiment, ne l'ignorez pas et prenez un peu de temps pour vous demander précisément ce qui vous fait douter, vous fait peur, vous perturbe, etc. Si nécessaire, refusez de prendre une décision trop rapidement et dites que vous avez besoin d'un peu de temps pour y réfléchir. (Personnellement je dis quelque chose comme :

« Cela m'a l'air très intéressant/bien/prometteur, je voudrais donc avoir un peu de temps pour prendre du recul. »)

Affrontez la personne gentiment mais fermement

Une fois que vous avez identifié les messages contradictoires (et souvent il n'y en a que deux), demandez à la personne concernée lequel des deux vous devez croire. Par exemple : « Vous m'avez dit que c'était une très bonne idée, mais vous n'avez rien fait pour la mettre en œuvre jusqu'à présent, alors pouvez-vous s'il vous plaît me dire ce que vous en pensez réellement ? » ou « Je sais que vous m'avez dit qu'il serait bon pour ma carrière de faire exactement ce que vous me dites de faire, mais je me souviens que la dernière fois que je vous ai écouté, vous vous êtes attribué mes idées, alors puis-je savoir ce que vous comptez faire cette fois-ci ? »

Affrontez-la, puis affirmez-vous

Plutôt que de demander une explication quant à ces messages contradictoires, vous pouvez expliquer que vous avez eu vent de ces incohérences et en profiter pour introduire un nouvel élément qui remet les choses à leur place selon vous et vous redonne le contrôle des événements. Par exemple : « Vous m'avez dit que c'était une très bonne idée, mais vous n'avez rien fait pour la mettre en œuvre jusqu'à présent, j'ai donc décidé de prendre les choses en main moi-même. » Ou « Je sais que vous m'avez dit qu'il serait bon pour ma carrière de faire exactement ce que vous me dites de faire, mais je me souviens que la dernière fois que je vous ai écouté vous vous êtes attribué mes idées et j'ai été mis sur la touche, alors cette fois-ci je préfère agir comme bon me semble et prendre moi-même ma carrière en main, merci. »

Restez-en aux faits

Évitez de porter un jugement ou d'émettre une opinion sur la personne elle-même, en disant par exemple : « Vous êtes un menteur », « Vous trompez les gens » ou « Je ne pourrai plus jamais vous faire confiance ».

Veillez à ne parler que de ce qui a été ou n'a pas été fait ou dit : « Vous avez convenu du fait que je devrais faire XY, puis vous avez rédigé une note indiquant le contraire. Merci de m'aider à comprendre la situation car je suis un peu perdu pour l'instant. »

Le fait de traiter quelqu'un de menteur risque de faire naître entre vous une hostilité profonde et durable, car c'est la personnalité de votre interlocuteur dans son ensemble que vous rejetez catégoriquement en faisant cela, or personne n'aime se voir attribuer une étiquette, surtout quand elle est si peu flatteuse.

24

Les gens mal organisés

qui font toujours tout à la dernière minute.

Ce qui nous met mal à l'aise

Cela peut être très stressant si au sein d'une équipe tout le monde fait son travail bien à l'avance, sauf une ou deux personnes qui font traîner les choses jusqu'à la dernière minute. Même si ces dernières expliquent qu'elles préfèrent travailler comme cela, leurs coéquipiers risquent bien de finir par s'arracher les cheveux.

Mais que se passe-t-il ?

Certaines personnes aiment sentir l'énergie et la tension monter au fur et à mesure que s'approche l'échéance. D'autres ont véritablement besoin de sentir le poids de l'échéance peser sur leur travail. D'autres encore se plaisent à imaginer que les impératifs n'existent pas vraiment et s'inventent de faux prétextes. Dans tous ces cas de figure, les personnes concernées justifient leur façon de faire en disant qu'elles ont besoin de temps pour réfléchir avant de pouvoir passer à l'action.

Dans d'autres cas, les personnes qui font systématiquement tout à la dernière minute peuvent effectivement avoir besoin d'aide pour apprendre à planifier leur travail.

Astuces pour faire face aux / gérer les gens mal organisés

Être honnête

Il n'y a qu'en vous montrant honnête que vous arriverez à quelque chose, aussi n'hésitez pas à dire ce que vous ressentez. Vous pouvez dire par exemple :

- « J'ai besoin de réunir l'équipe pour un récapitulatif complet à telle heure, dans tant de jours. »
- « Je ne serai rassuré qu'en voyant ce que vous avez à proposer, sous forme définitive, à telle heure, dans tant de jours. »

Être ouvert d'esprit

Soyez large d'esprit et si la personne qui vous inquiète a déjà montré par le passé qu'elle était capable de faire son travail à temps, rappelez-vous que la manière de travailler de chacun est très personnelle et que cela peut vraiment handicaper une personne si on la force à adopter une méthode qui n'est pas la sienne. Cependant, si le problème se pose systématiquement, vous avez parfaitement le droit d'en parler avec la personne concernée et de réfléchir avec elle pour trouver :

1. des méthodes de travail différentes pour elle,
2. des moyens de vous sentir rassuré.

Dans certains cas extrêmes, il peut arriver que vos attentes et sa manière de procéder soient incompatibles, il vous faudra donc demander de l'aide pour apprendre à être plus souple. (Sinon vous ne pourrez travailler qu'avec des gens « comme vous », ce qui limitera considérablement vos chances de vous enrichir au contact des autres.)

Proposez un modèle

Si l'un de vos collaborateurs n'est absolument pas conscient de la manière dont les autres s'y prennent pour planifier leur travail, vous pouvez l'aider en lui proposant un modèle à suivre. J'aime assez le modèle suivant car il divise une tâche donnée en plusieurs étapes, le travail doit donc être réparti dans le temps et non accompli en une seule fois au dernier moment. Il est fondamental de prévoir un laps de temps suffisant pour chacune des étapes, de réfléchir à l'avance non seulement au temps nécessaire pour la mener à bien, mais aussi à la manière dont on pourra s'y prendre. Voici un exemple de modèle à suivre pour préparer une présentation. Comme vous le verrez, il est très détaillé car on risque fort de ne pas atteindre son objectif quand on saute une de ces étapes.

1. Parlez avec chacune des personnes susceptibles d'assister à votre présentation afin d'en définir le contenu :
   a. 10 minutes pour écrire des e-mails ;
   b. 10 minutes x 6 personnes pour téléphoner suite à l'envoi des e-mails.
2. Définissez l'objet de la présentation :
   a. 10 minutes de réflexion ;
   b. 10 minutes de rédaction ;
   c. 5 minutes x 3 personnes pour vérifier par téléphone ;
   d. 20 minutes pour finaliser la rédaction ;
   e. 2 minutes pour envoyer un e-mail de confirmation de l'objet de la présentation.
3. Rédigez la présentation elle-même :
   a. 20 minutes de réflexion ;

b. 20 minutes de rédaction des grandes lignes;
c. 5 minutes x 3 personnes pour vérifier par téléphone;
d. 20 minutes pour rédiger une première version de la présentation;
e. 20 minutes pour relire et finaliser la version définitive.

4. Présentation:
   a. 5 minutes pour rappeler à tout le monde l'objet de la présentation dont il a été convenu en 1b) et 2e);
   b. 1 minute pour présenter la première partie;
   c. 15 minutes pour l'exposé de la première partie et les questions;
   d. à nouveau 1 minute de présentation, suivie de 15 minutes pour l'exposé et les questions pour chacune des parties suivantes;
   e. 5 minutes pour résumer les prochaines étapes et se mettre d'accord sur le compte-rendu.
5. Après la présentation:
   a. 5 minutes x 6 personnes pour le suivi des étapes suivantes, pour vérifier que la présentation a répondu à leurs attentes et pour mettre à jour toute question restée en suspens;
   b. 15 minutes pour rédiger le compte rendu.

Aussi simple qu'il soit, ce modèle peut être une véritable révélation pour une personne qui a l'habitude de « préparer » ses présentations une heure à l'avance. Et force est de reconnaître que si elle n'a jamais pensé à toutes les étapes nécessaires pour bien faire son travail, elle s'est drôlement bien débrouillée jusqu'à présent!

25

Les retardataires

qui ne respectent jamais les échéances, qui ignorent la ponctualité ou qui ne sont pas fiables.

Ce qui nous met hors de nous

Nous connaissons tous au moins une personne qui arrive systématiquement en retard, qui ne respecte jamais une échéance et que cela met dans un état de panique totale. Il arrive aussi que le retardataire reste de marbre et s'étonne sincèrement de se retrouver, encore une fois, dans cette situation.

Mais que se passe-t-il ?

Curieusement, les personnes qui sont en retard le sont souvent précisément parce qu'elles savent parfaitement à quelle heure elles doivent arriver, ou quel jour elles doivent rendre leur rapport. C'est pourquoi elles restent interloquées et s'exclament: « Mais je savais pourtant très bien pour quelle heure/quel jour je devais être prêt! » Et c'est bien là le problème. L'heure qu'elles ont en tête est celle de leur arrivée, pas celle à laquelle elles doivent partir pour arriver à temps. Elles ne pensent donc pas à calculer le temps qui leur sera nécessaire pour faire ce qui doit être fait pour l'heure dite. C'est pourquoi quand l'heure fatidique arrive, elles sont tout étonnées de ne pas être prêtes.

Astuces pour gérer les retardataires

Remonter le temps

Quand une personne n'a pas su respecter une échéance, demandez-lui comment elle en est venue à ne pas être prête à temps, en reprenant étape par étape ce qu'elle a fait, afin de l'aider à trouver une méthode plus efficace (il serait probablement plus indiqué de faire cela à un moment calme plutôt qu'en pleine tempête). Vous pouvez aussi lui demander de vous rassurer en vous expliquant en détail, cette fois encore étape par étape, comment elle compte accomplir la prochaine mission que vous lui confierez, de manière à respecter l'échéance que vous aurez fixée.

Vous pouvez lui suggérer de procéder en remontant le temps à partir de l'heure à laquelle elle doit être prête. Par exemple :

- Je dois arriver à 18 heures.
- 10 minutes de marche depuis le parking (je dois donc quitter la voiture à 17 h 50).
- 10 minutes pour trouver une place où me garer à cette heure de la journée (je dois donc arriver sur place à 17 h 40).
- 30 minutes pour faire le trajet jusque là-bas à cette heure de la journée (je dois donc partir à 17 h 10).
- 10 minutes pour marcher jusqu'à ma voiture (je dois donc quitter la maison à 17 heures).

- 15 minutes pour me préparer et passer un éventuel coup de téléphone de dernière minute.

Je dois donc commencer à me préparer à partir à 16 h 45.

Une question de vie ou de mort

Il y a des années de cela, je passais la nuit dans un hôtel quand à 22 heures, l'alarme incendie a retenti. Nous sommes tous descendus dans le hall où les responsables de l'hôtel vérifiaient que tout le monde était bien là. Il s'est avéré qu'une personne (appelons-la Laura) manquait à l'appel. Alors que nous étions en pleine discussion (S'agissait-il d'un véritable incendie ? N'était-ce qu'une simulation ? Pouvions-nous aller chercher cette Laura sans prendre de risques ?), elle est arrivée vers 22 h 20, l'air très troublé et contrarié. « Je suis désolée d'être en retard, nous a-t-elle dit, mais j'étais si fatiguée que je suis allée me coucher directement sans préparer mes vêtements pour demain. D'habitude, je prévois toujours à l'avance ce que je vais porter et je sors mes vêtements la veille au soir pour être à l'heure le matin, mais comme je ne l'avais pas fait ce soir, quand l'alarme s'est mise à sonner, je n'arrivais pas à me décider sur ce que je devais porter ! »

26

Les solitaires

qui restent dans leur coin
et ne savent pas travailler en équipe.

Ce qui nous met hors de nous

Les solitaires ne se mêlent pas aux autres. C'est un véritable effort de les faire participer, que ce soit sur le plan professionnel ou dans la vie de tous les jours.

Mais que se passe-t-il ?

Il s'agit généralement de personnes qui font discrètement leur travail et qui sont tout simplement davantage tournées vers elles-mêmes (ou introverties) que vers l'extérieur (ou extraverties). Ce sont parfois des personnes un peu routinières qui préfèrent faire les choses à leur idée plutôt que d'être « dérangées » par les autres. Parfois elles estiment faire preuve de suffisamment d'esprit d'équipe à la maison et préfèrent qu'on les laisse tranquilles tant qu'elles font bien leur travail. Il peut aussi arriver que ces personnes préfèrent observer et réfléchir avant de parler. Chacune de ces caractéristiques suffit pour que très vite, quelqu'un soit perçu comme un solitaire, alors qu'en réalité il n'y a aucun problème.

Astuces pour gérer les solitaires

Réfléchir à ses attentes

Si vous vous attendez à ce que tout le monde soit un véritable boute-en-train, vous risquez d'être déçu par plus de 80 % des gens. S'il est vrai que certains métiers exigent un esprit d'équipe très fort, ce n'est pas le cas pour une grande majorité de professions. Vérifiez le profil *personnel* du poste qu'occupe la personne solitaire (pas les compétences ou les savoir-faire nécessaires pour ce poste) pour vous assurer que les attentes en termes de relations avec les collaborateurs sont clairement énoncées.

N'oubliez pas non plus que bien des personnes « amusantes » passent en fait davantage de temps à « s'amuser » que le solitaire rigoureux sur lequel on peut toujours compter pour faire son travail sans rechigner.

Enfin, est-il vraiment si important que cette personne vienne boire un verre avec le reste de son équipe si cela la met très mal à l'aise ?

Interrogez-vous avant d'interroger les autres

Certaines personnes se sentent mal à l'aise avec les solitaires parce qu'au fond ce sont elles qui se sentent rejetées, mises sur la touche. Elles veulent alors leur « remonter le moral » ou « les faire participer ».

1. Interrogez-vous sur vos propres motivations.
2. Observez bien la personne concernée. A-t-elle vraiment un problème ?
   – Si oui, vous pouvez peut-être lui demander gentiment : « Ça va ? », ainsi vous lui montrez que vous vous

souciez d'elle, sans pour autant l'obliger à vous répondre longuement.
– Si elle a l'air plutôt satisfaite de son sort, vous pouvez peut-être vous contenter de lui dire « Bonjour » et arrêter de vous mêler de ses affaires !

Vous remarquerez que « Ça va? » et « Bonjour » sont des formules courtes, probablement plus adaptées au style de cette personne que des discours à n'en plus finir.

Parlez-en franchement
Vous pouvez aussi adopter une autre démarche qui est souvent très appréciée. Parlez à la personne concernée au calme et dites-lui que vous avez remarqué qu'elle fait partie des membres les plus discrets de l'équipe.
Dites-lui bien que cela vous va très bien, puis demandez-lui s'il y a un problème ou si cela lui convient bien de faire partie des membres les plus discrets de l'équipe. Bien souvent vous constaterez que vous vous êtes inquiété pour rien et que vous avez voulu résoudre un problème qui n'existait pas.

Chacun à sa place
Les solitaires ont souvent moins d'assurance que les autres membres de leur équipe, ils risquent donc de se sentir « poussés à bout » ou mal à l'aise si vous essayez de les mettre en avant. N'oubliez pas que tenter à tout prix de les intégrer à l'équipe et de les aider à s'ouvrir vers l'extérieur risque de vous donner bien de la peine inutilement, à vous comme à eux.

Un solitaire préférera peut-être rester un peu dans l'ombre ou dans un coin et sentir que l'on n'essaie pas à tout prix de le faire participer en permanence. Parlez-en avec lui. Posez-lui la question.

27

Les personnes désordonnées

qui peuvent aussi être désorganisées ou peu soignées.

Ce qui nous met hors de nous

On dit souvent que le bureau des gens est le reflet de leur personnalité. Un bureau désordonné traduirait donc une certaine confusion dans les idées de son propriétaire. Avoir une chambre en désordre (en particulier s'il s'agit d'une chambre d'enfant) est parfois considéré comme le huitième péché capital. On a souvent tendance à associer le désordre à un certain malaise, d'où une envie de rétablir l'ordre, par exemple en replaçant correctement un cadre au mur ou en bordant le lit. Or, et c'est là le plus agaçant, la personne désordonnée n'a pas l'air de se soucier le moins du monde de tout cela.

Mais que se passe-t-il ?

Le désordre peut être la conséquence de plusieurs types de comportements.

Le manque de rigueur

Quand on n'attribue pas systématiquement une place aux choses, par exemple en classant ses dossiers dans des chemises « à faire », « fait » et « en cours », en accrochant une boîte à clefs près de sa porte d'entrée, on a tendance à poser ses dossiers ou ses clefs un peu n'importe où et à perdre beaucoup de temps à les chercher. Juste parce que l'on n'a pas eu la rigueur de décider une bonne fois pour toutes de l'endroit où il convient de les ranger.

L'invasion

Certaines personnes estiment qu'empiler les documents à perte de vue est une technique qui leur convient bien car elles savent exactement où trouver chaque chose. Mais cette manière de procéder dérange souvent les autres qui ont l'impression, à juste titre, que les piles de papiers se multiplient et envahissent leur « territoire » d'une part, et qu'ils perdront énormément de temps à chercher ce dont ils pourraient avoir besoin en cas d'absence de leur collègue d'autre part.

Ceux qui ne voient rien

Certaines personnes ne font tout simplement pas attention à ce qui les entoure, aussi ne remarquent-elles pas le désordre ambiant ou le cadre qui n'est pas droit sur le mur. Elles peuvent donc être très surprises si on leur fait remarquer toutes ces choses car ne les ayant elles-mêmes pas vues, comment pourraient-elles voir qu'elles posent un problème à qui que ce soit ?

Les indifférents

Enfin, certaines personnes voient indéniablement le fouillis qui les entoure, mais cela ne les dérange pas : le désordre ne leur pose aucun problème puisqu'il n'a aucune importance à leurs yeux. (Une telle attitude est parfaitement *incompréhensible* pour une personne qui a besoin de vivre dans un environnement ordonné où chaque chose est à sa place.)

Astuces pour gérer les personnes désordonnées

En dehors de toute considération de sécurité, faut-il à tout prix exiger de tout un chacun qu'il range son bureau ? Est-ce vraiment là un impératif souhaitable pour tous ? À en juger par les exemples de comportements présentés ci-dessus, ce n'est pas forcément le cas. Vous pouvez donc peut-être accepter le fait que tant que le désordre d'une personne n'affecte pas les autres, il ne regarde qu'elle.

Le désordre est plus difficile à accepter quand il faut partager l'espace, dans une pièce où tout le monde prend sa pause déjeuner par exemple, ou dans un « open space ». La stratégie suivante fonctionne bien en règle générale, quel que soit le type de comportement qui est à l'origine du désordre.

Établir des règles

Choisissez un moment calme (c'est-à-dire un moment où aucun problème de désordre particulier ne se pose) et discutez avec tous les membres de votre équipe de ce qui est important pour chacun de vous, en distinguant clairement :

- Ce qui est essentiel pour chacun de vous ;
- Ce qui serait bien, mais qui n'est pas essentiel.

Abordez d'abord les points essentiels. Personne ne devrait avoir à faire de compromis sur ce qui est essentiel pour lui. Mettez-vous donc d'accord sur ce que vous *voulez* tous (mais n'abordez pas pour l'instant la question du *comment*).

Réfléchissez à des « sanctions » possibles à l'égard de ceux qui ne respectent pas les règles établies tous ensemble. Vous pouvez aussi envisager d'instaurer des récompenses, mais prenez garde : si tout comportement « normal » est récompensé avec davantage qu'un simple « merci », vous risquez de devoir récompenser tout le monde à longueur de temps.

Prenez le temps de consigner tout cela par écrit : les règles à respecter et les sanctions et récompenses à appliquer. Notez bien qu'il ne s'agit ici que de ce que vous avez convenu ensemble, pas des moyens grâce auxquels vous allez y parvenir, ni du moment auquel ces règles entreront en vigueur. (C'est un point important car souvent le fait d'introduire trop tôt le *comment* perturbe le plan que l'on est en train d'établir.)

Demandez ensuite à chacun comment et quand il pourrait remplir ses obligations. Incitez tout le monde à faire preuve d'imagination puisque manifestement ces personnes ne sont pas d'emblée très douées en la matière : si elles avaient su comment organiser l'espace dont elles disposent, vous ne seriez pas là en train d'en discuter ! Veillez à ce que plusieurs modalités soient suggérées, afin que chacun puisse choisir la solution qui lui convient le mieux. N'oubliez pas que le plus important, c'est de respecter *les règles* qui ont été fixées, pas *la manière* dont chacun s'y prendra pour les respecter.

Récompensez le respect des règles et recourez aux sanctions pour ceux qui ne les respectent pas, sans accepter les justifications quelles qu'elles soient. À l'occasion, rappelez aux contrevenants qu'ils ont participé au choix de ces sanctions, en leur montrant s'il le faut le document que vous avez rédigé. N'oubliez pas qu'en omettant d'appliquer les sanctions, vous niez le caractère « essentiel » de la règle concernée.

À la poubelle

Une de mes amies en avait assez de voir ses enfants laisser leurs jouets, leurs vêtements, leurs déchets, etc. traîner dans toute la maison. Je lui ai suggéré la stratégie exposée ci-dessus, elle a donc eu une discussion avec ses enfants, à la fin de laquelle ils ont tous ensemble consigné par écrit les règles de base et les sanctions à appliquer en cas de non-respect. Pour rendre les choses plus solennelles, mon amie a en plus eu la bonne idée de leur faire dater et signer ce document.

Un peu plus tard, elle m'a téléphoné pour me dire, avec un peu de surprise dans la voix, que cela avait fonctionné. Les enfants avaient convenu du fait que tout ce qui n'était pas à sa place pouvait être considéré comme à jeter et que leur mère pouvait donc le mettre à la poubelle.

Un matin, alors que les enfants s'étonnaient de ne pas retrouver leurs vêtements et leurs affaires d'école, qu'ils avaient laissé traîner dans le salon, leur mère leur a annoncé calmement qu'elle les avait jetées à la poubelle comme convenu. Les enfants ont été horrifiés ! Ils se sont précipités dehors, pour découvrir qu'elle leur avait bien dit la vérité. Ils ont donc récupéré leurs affaires et se sont dépêchés d'enfiler leurs habits froissés. Leur mère n'a plus eu qu'à leur rappeler les conséquences de leurs actes, ainsi que le jour de ramassage des poubelles.

Mon amie n'avait pas fait les choses à la légère. Elle savait pertinemment que les poubelles ne seraient pas vidées ce jour-là. Elle savait que ses enfants aimaient être élégants et répugnaient à porter des habits froissés. Elle savait aussi qu'ils penseraient qu'elle avait jeté leurs affaires avec les déchets de la cuisine et d'autres choses sales, alors qu'elle les avait jetées dans un sac à part. Enfin elle avait veillé à ce qu'ils s'aperçoivent de la disparition de leurs affaires suffisamment tôt pour avoir le temps d'y remettre de l'ordre et de défroisser un peu leurs vêtements.

Aujourd'hui toute la famille en rit en y repensant, mais mon amie ne manque jamais de leur rappeler qu'elle a toujours le document signé de leur main !

28

Les lunatiques

qui peuvent aussi être capricieux, imprévisibles et/ou peu fiables.

Ce qui nous met hors de nous

Nous avons tous tendance à prendre mille précautions avec les gens lunatiques ou capricieux parce que nous avons en général appris à nos dépens que leurs réactions sont totalement imprévisibles. Nous nous sentons mal à l'aise et inquiets car nous ne savons pas à quoi nous attendre. En un mot, avoir une personne lunatique dans son entourage peut être très perturbant.

Mais que se passe-t-il ?

La personne concernée peut avoir un problème d'ordre physique ou émotionnel ou souffrir de troubles bipolaires (ce que l'on appelait autrefois une psychose maniaco-dépressive) qui se caractérisent par des changements d'humeur radicaux et imprévisibles. D'un autre côté, elle peut tout simplement avoir à faire face à trop de choses, au travail et en dehors, et donc se sentir perpétuellement dépassée et inquiète.

Dans un cas comme dans l'autre, on peut se douter qu'il est très difficile pour ces gens de s'en sortir et l'on comprend que parfois ils « craquent », et gare à ceux qui sont dans les parages.

Astuces pour gérer les lunatiques

Soyez délicat

Quelle que soit l'humeur de la personne, respectez-la. Si la personne est calme et abattue, n'essayez pas à tout prix de lui remonter le moral car vos efforts risqueraient de représenter un fardeau supplémentaire pour elle alors qu'elle s'évertue déjà à faire de son mieux pour tenir le coup.

Soyez présent

Un simple « Ça va ? » ou « Bonjour » peut faire plus de bien qu'un long discours. En fait, de nombreuses personnes ayant souffert de dépression par le passé insistent sur le fait qu'un simple mot leur allait droit au cœur car il n'exigeait pas grand-chose d'elles en retour.

Soyez honnête

Si vous avez été le témoin d'une « crise », revenez en parler à la personne. Dites-lui par exemple : « Stéphane, est-ce que j'ai dit ou fait quelque chose qui t'a contrarié ou est-ce que j'étais tout simplement là au mauvais moment ? » (Le fait d'appeler une personne par son prénom ou par son nom, selon votre habitude, facilite le contact.)

Si effectivement vous êtes la source du problème, tant mieux ! Maintenant que vous le savez, vous pouvez présenter des excuses car vous n'aviez pas l'intention de contrarier qui que ce soit et vous pouvez prévoir d'en discuter au calme en fixant un rendez-vous.

Si la « crise » n'avait en fait rien à voir avec vous et qu'il s'est juste trouvé que vous étiez là à ce moment-là, votre interlocuteur est probablement désolé de vous avoir fait subir cela et cette fois encore, vous avez maintenant la possibilité d'en parler.

Soyez utile

Quelle que soit la situation, faites savoir à la personne que vous êtes prêt à lui apporter votre aide si elle en a besoin. Vous pouvez soit choisir de ne pas insister davantage, afin d'éviter toute pression, soit lui proposer de vous retrouver régulièrement pour boire un verre par exemple, pour qu'elle puisse vous faire part de ses soucis le cas échéant, mais sans que cela soit la raison d'être de votre entrevue. En tout cas, n'oubliez pas que lorsqu'une personne est vraiment abattue, elle a rarement l'énergie nécessaire pour affronter une discussion sur ses problèmes.

Soyez réaliste

À moins que vous soyez médecin, psychiatre ou psychologue, rappelez-vous que vous n'êtes ni médecin, ni psychiatre, ni psychologue ! N'essayez pas d'en faire plus que vous ne le pouvez et encouragez la personne à consulter un spécialiste si vous pensez qu'elle en a besoin. Et ne pensez pas que faire cela revient à l'envoyer balader, surtout si vous lui proposez de l'y emmener ou de l'accompagner si elle le souhaite.

29

Les gens négatifs

qui peuvent aussi être pessimistes, rabat-joie, voir des obstacles partout et toujours tout gâcher.

Ce qui nous met hors de nous

C'est vraiment démoralisant quand, à chaque fois que l'on pense avoir une bonne idée, la personne à qui on la soumet nous donne l'impression de nous verser un seau d'eau froide sur la tête, rien qu'avec ces mots : « Oui, mais… »

En fait, cela est tellement minant que l'on en vient à rejeter complètement les personnes qui ont ce genre d'attitude. On ne les convie plus aux réunions, on ne leur demande plus leur avis. Parce qu'elles sont vraiment trop déprimantes.

Mais que se passe-t-il ?

Notre réaction s'explique très simplement.
Premièrement, le mot « mais » agit un peu comme un stylo effaceur : il nous fait oublier tout ce qui précède en le faisant

disparaître. Nous nous souvenons donc des problèmes soulevés après le « mais », mais pas du « oui » qui l'a précédé.

Deuxièmement, cela prend bien plus de mots pour expliquer que quelque chose ne va pas que pour dire que quelque chose va bien, ce qui peut donner l'impression que beaucoup de choses ne vont pas, tandis que ce qui va bien serait négligeable. Vous vous en rendrez très bien compte si vous comparez la manière dont vous pourriez décrire un plat qui n'est pas bon (par exemple il est trop salé, il n'a pas de goût, la viande est dure, le plat est froid, etc.) et celle dont vous décririez un plat qui vous plaît (parfait, délicieux, etc.).

Troisièmement, et c'est là un point capital, une personne « négative » a naturellement tendance à voir ce qui pourrait *mal* se passer, plutôt que ce qui pourrait *bien* se passer. Elle ne le fait pas exprès, c'est juste dans sa nature. Les éléments négatifs sont les premiers qui lui viennent à l'esprit, c'est comme ça qu'elle fonctionne.

Astuces pour gérer les gens négatifs

Appréciez leur point de vue

Regardez-les avec un œil neuf. Demandez-leur leur avis et prenez-en bonne note car ils pourraient bien vous permettre d'éviter certains écueils. En effet, avec leur tendance à penser tout de suite aux détails qui risquent de poser des problèmes, ils pourraient bien voir des obstacles auxquels vous n'auriez pas pensé, emporté par votre enthousiasme.

Ne vous vexez pas

Cette personne négative voit des choses qui pourront probablement rendre votre projet plus solide si vous y prêtez attention. Serrez les dents et demandez-lui donc : « Alors, quels autres obstacles pourraient s'opposer à ce projet ? » ou « Voyez-vous d'autres problèmes éventuels ? »

Soyez réaliste

Ne vous attendez pas à ce que votre idée soulève chez les autres un enthousiasme égal au vôtre. Votre interlocuteur pense d'ores et déjà à tous les problèmes susceptibles de se poser et il y a peu de chances pour que tout cela l'enchante. (Il vaut mieux pour vous que vous vous estimiez satisfait par un vague « Pas vraiment » si vous lui demandez : « Donc, si nous évitons tous ces problèmes, y a-t-il autre chose qui pourrait faire échouer ce projet ? »)

30

Les pinailleurs

qui ne voient que les problèmes.

Ce qui nous met hors de nous

C'est agaçant quand les gens recherchent toujours ce qui ne va pas dans ce que les autres pensent, disent ou font. Les pinailleurs ont vraiment le don de gâcher la vie de leur entourage.

Mais que se passe-t-il ?

Nous ne parlons pas ici des gens qui font cela exprès pour se venger (ou par rancune). Il est plutôt question de comportements quasiment involontaires.

- Tout d'abord, certaines personnes ont tendance à ne voir que ce qui ne va pas plutôt que ce qui va bien.
- Deuxièmement, alors que certains ont plutôt une vision d'ensemble des choses, les coupeurs de cheveux en quatre sont bien plus attirés par les petits détails.

- Troisièmement, certaines personnes sont à la fois attirées par ce qui ne va pas et par les petits détails, aussi à peine ont-elles remarqué quelque chose de « dérangeant » qu'elles ne peuvent plus penser qu'à cela, oubliant tout le reste.

Quelle que soit la « manie » en question, le fait est que dès qu'un pinailleur ouvre la bouche, c'est pour chercher la petite bête à propos de chaque petite chose, avant même que l'on ait eu le temps de finir de parler.

Astuces pour gérer les pinailleurs

Il est à peu près vain d'essayer de les arrêter : vous ne seriez sans doute pas le premier et, comme vous pouvez le constater, leur habitude est toujours bien là.

Parlez-en calmement

Ce pinailleur est probablement conscient de sa manie, tout comme elle est probablement plus forte que lui. Vous devez donc l'aider. Trouvez un moment pour en discuter avec lui, alors qu'aucun problème particulier ne se pose. Et puisque vous devez accepter le fait que vous ne pourrez pas lui faire perdre cette mauvaise habitude, voici quelques conseils concrets à lui donner pour changer au moins son comportement.

- « Je veux que vous posiez un doigt sur vos lèvres (comme on peut le faire pour indiquer à un enfant de se taire, ce qui marche pendant au moins quelques minutes). De notre côté, nous verrons que vous avez l'air de réfléchir. »
- « Je veux que vous notiez tous les points que vous voulez soulever car nous voulons les entendre, mais seulement quand la personne qui a la parole aura

fini. Nous ne voulons pas qu'elle soit interrompue toutes les deux minutes. »

- « Veuillez examiner tout ce que vous avez écrit pour voir s'il vous est possible de regrouper les différents points en quelques catégories pour nous les exposer plus clairement. »
- « Je vous demande de faire cela car votre opinion compte pour nous tous et, en procédant ainsi, il nous sera plus facile d'entendre ce que vous avez à nous dire. »

Premiers pas vers une plus grande sagesse

Être sage signifie notamment être capable de reconnaître les choses sur lesquelles on peut fermer les yeux, et peut-être pourriez-vous en discuter, au calme, avec le pinailleur. Certaines personnes ont l'impression d'avoir un rôle de surveillant à jouer et de *devoir* faire remarquer aux autres leurs erreurs, leurs oublis, leurs fautes de grammaire ou d'orthographe, etc. Or elles trouvent cela très dur d'être toujours sur le qui-vive pour ne rien laisser passer.

Quelles que soient les raisons qui les poussent à agir ainsi, et elles peuvent être nombreuses, vous pouvez les tranquilliser en leur expliquant que cela ne vous gêne pas que certains petits détails soient laissés de côté, du moment qu'ils n'ont rien d'essentiel. Par exemple, si tout le monde sait que telle personne voulait dire Jeanine, mais a dit Jeanne, ce n'est peut-être pas la peine de le faire remarquer immédiatement devant tout le monde !

Ce peut être une véritable libération pour ces personnes d'être autorisées à fermer les yeux sur des détails insignifiants, et vous leur ferez encore plus plaisir en reconnaissant qu'elles ont une faculté exceptionnelle à remarquer ces choses. N'hésitez néanmoins pas à les soulager de cette « tâche » qui consiste à signaler chaque erreur ou problème, au travail au moins.

31

Les gens condescendants

qui peuvent aussi être arrogants, méprisants, insensibles, pompeux, suffisants, prétentieux, snobs, indifférents, égoïstes ou tout cela à la fois.

Ce qui nous met hors de nous

Il est bien évident que personne n'aime être méprisé, traité comme un moins que rien, ignoré ou humilié. (En réalité, faire en sorte que les gens se sentent rabaissés revient à les malmener psychologiquement.)

Mais que se passe-t-il ?

Pour une raison ou une autre, les gens qui nous témoignent du mépris estiment être supérieurs aux autres. Peut-être leur a-t-on mis cette idée dans la tête, en leur disant des choses comme : « Tu es vraiment le meilleur ! » ou « Tu es la petite fille la plus intelligente que je connaisse. »

Au contraire, peut-être pensent-ils être inférieurs aux autres et agissent de manière à cacher ce complexe d'infériorité.

Dans un cas comme dans l'autre, que ce soit délibéré ou inconscient, c'est leur « supériorité » que ces gens essaient de démontrer par ce qu'ils font ou disent, ou par la manière dont ils le font ou le disent.

Astuces pour gérer les gens condescendants

Savoir se préserver

Ne vous sentez pas blessé par leurs propos ! Quelle que soit leur opinion, vous devez garder à l'esprit le fait qu'ils font preuve d'arrogance (ou de condescendance, selon les cas) en présentant une *opinion* (la leur) comme s'il s'agissait d'un *fait*.

Vous ne devez pas non plus oublier que ce qu'ils disent n'est fondé que sur une chose que vous avez dite ou faite, et non, comme ils essaient de vous le faire croire, sur ce que vous êtes en tant qu'individu.

Peut-être que cette personne se comporte ainsi avec tout le monde et que cela n'a absolument rien à voir avec vous.

Enfin vous devez dans tous les cas être capable de ne pas vous laisser aveugler par ce que la personne essaie de vous faire croire d'une part, et de voir ce que son attitude et ses propos disent véritablement d'elle d'autre part.

Montrer du respect – (ce qui ne signifie pas forcément que cette personne nous inspire du respect)

On pourrait considérer qu'il s'agit de flatterie, mais parlons plutôt de respect parce que c'est une stratégie en deux temps que nous présentons ici :

1. Montrez du respect pour l'image que la personne essaie de donner (en ayant bien conscience du fait que c'est l'image qu'elle a d'elle-même);

2. Venez-en au fait.

Vous pourriez dire par exemple : « Je sais que vous avez beaucoup de problèmes très importants à régler en ce moment, mais j'ai besoin de parler avec vous pendant trois petites minutes pour que vous me disiez très exactement ce que vous attendez de moi s'il vous plaît. »

Montrer du respect – (et s'en sortir par une pirouette)
Une autre manière de gérer ce problème, et d'amener la personne à en rire avec vous, même si elle n'est pas vraiment sûre de la raison pour laquelle elle rit, consiste à faire comme si elle avait plaisanté et que vous vous étiez laissé prendre. Vous pourriez dire par exemple (avec un grand sourire et une petite étincelle dans le regard) : « Vous savez, vous avez parlé de manière tellement condescendante que, pendant une minute, j'ai cru que vous étiez sérieux ! » Puis, après avoir marqué une courte pause, dites autre chose pour relancer la conversation, par exemple : « Donc vous me proposiez de faire X ? Pourriez-vous m'en dire un peu plus à ce sujet s'il vous plaît ? »

Ne pas confondre compétences et personne
Certaines personnes ont un respect exacerbé pour la hiérarchie et pensent qu'occuper un poste « élevé » au sein d'une entreprise ou d'une institution revient à être une personne de grande valeur. Je connais des gens qui parlent des responsables ou des dirigeants en les appelant « les puissants » ou « les supérieurs », mais ce type de langage me semble plus que dépassé. Un poste « élevé » signifie que la personne a un haut niveau de compétence, pas qu'elle a beaucoup de valeur en tant qu'être humain. (Personnellement je pense que tout le monde a exactement la même valeur en tant qu'individu, mais que chacun a des compétences et des connaissances qui lui sont propres, or il ne faut pas confondre personne et compétences !) En outre, dès qu'il est

question de gens « d'en haut », de supérieurs, etc., cela implique automatiquement qu'il y a des gens d'« en bas », des « inférieurs », des « subordonnés », etc. Voir les choses de cette manière et parler ainsi est peut-être satisfaisant pour les snobs et les prétentieux, mais cela ne contribue certainement pas à créer une atmosphère de travail saine où règne l'esprit d'équipe.

Alors contentons-nous de parler des gens en faisant référence à leur poste et n'hésitons pas à dire les mots « directeurs », « responsables », « chefs d'équipe », etc.

Ne pas généraliser

Vous pouvez avoir par le passé rencontré une personne qui parlait d'une manière particulière (un accent snob par exemple) et qui vous faisait vous sentir ridicule. Or, depuis cette rencontre, vous avez tendance à vous sentir ridicule dès que vous avez affaire à une personne qui parle ainsi. (Et peut-être avez-vous remarqué que *toutes* les personnes qui parlent ainsi ne vous donne pas ce sentiment d'infériorité.)

Vous avez peut-être déjà eu des collègues de tel ou tel pays qui étaient formidables et, de ce fait, vous avez tendance à apprécier tous les gens originaires de ce pays. (Et à être déçu s'ils ne s'avéraient pas aussi « formidables » que vous l'espériez.)

Dans ces exemples, les critères pris en compte sont la manière de parler et le pays d'origine, et ils sont considérés, plus ou moins inconsciemment, comme nécessaires et suffisants pour se faire une idée de quelqu'un. (On pourrait prendre d'autres exemples de gens qui, à partir d'une expérience avec une personne ayant telle ou telle caractéristique, généralisent et en viennent ainsi à penser par exemple que tous les gens qui ont les yeux bleus sont gentils, ou que toutes les personnes qui sont grandes sont robustes.)

Il y a un moyen simple de corriger cette tendance. Il consiste :

- À prendre conscience de notre « manie » (qui nous pousse par exemple à apprécier tous les Australiens, à être nerveux avec tous les gens qui parlent avec un accent snob, etc.); puis
- À porter notre attention sur ce que ces gens disent ou font et non sur la manière dont ils le font.

Toujours avec le sourire

Je me souviens avoir assisté à une scène amusante. Un acteur très connu qui est très grand et qui a accent un peu snob parlait avec un journaliste qui était bien plus petit que lui et dont l'accent n'avait rien de très distingué. À un moment, le journaliste s'est levé et, avec un grand sourire et un éclat rieur dans les yeux, en serrant la main de l'acteur, lui a dit : « C'est un grand honneur d'être traité de haut par quelqu'un comme vous ! »

Des comparaisons un peu trop flatteuses

Certaines personnes pensent qu'en faisant référence à des gens connus, elles se mettent au même niveau qu'eux. Il est assez facile de répondre à ces personnes : il faut accepter de rentrer dans leur petit jeu, puis revenir sur le sujet qui vous préoccupe. Par exemple : « J'ai bien compris que le président Kennedy et le général de Gaulle procédaient toujours ainsi, mais ce que je voudrais savoir, c'est ce que vous me proposez exactement dans la situation actuelle. » Et comme toujours, soyez prêt à accorder un peu de temps à votre interlocuteur pour réfléchir avant de vous donner sa réponse.

32

Les personnes phobiques

qui peuvent aussi être craintives, intimidées, affolées ou terrifiées, par exemple à l'idée de devoir s'exprimer en public.

Ce qui nous met hors de nous

Certaines personnes ont de telles phobies que ces dernières les empêchent de travailler normalement. Elles peuvent être paniquées rien qu'à l'idée de ce qui leur fait peur, qu'il s'agisse des serpents, des araignées ou, en ce qui concerne leur activité professionnelle, des espaces confinés, de l'avion ou, comme on le voit très souvent, de parler en public. (Le cerveau humain est un outil fabuleux: il commence à fonctionner bien avant la naissance, il se développe sans cesse tout au long de la vie et, tout d'un coup, il tombe en panne quand son propriétaire se tient debout devant un auditoire !)

Rien qu'en pensant à sa phobie, la personne a soudainement chaud et se met à transpirer, ou bien elle se sent glacée et ses mains deviennent moites. En effet, une phobie peut se traduire par des réactions très diverses.

Mais que se passe-t-il ?

Richard Bandler et John Grinder, les inventeurs de la programmation neuro-linguistique, ont défini une phobie comme étant une réaction d'une ampleur démesurée par rapport à ce qui l'a provoquée. Par exemple, il est normal qu'être attaqué par un serpent ou hué par son public lors d'une présentation entraîne une vive réaction car cette dernière est proportionnelle à ce qui s'est produit. Il ne s'agit pas d'une phobie. En revanche, si une personne perd ses moyens alors qu'elle ne fait que *penser* à un serpent ou à une présentation, ou encore juste en entendant les mots « serpent » ou « présentation », alors on peut parler de phobie.

Bandler et Grinder ont compris que lorsqu'une personne a une phobie, son corps ne fait que réagir à une pensée inspirée par le souvenir d'une expérience très traumatisante. Cette expérience peut d'ailleurs avoir été vécue ou n'avoir été qu'imaginée : on a déjà vu des gens dont la phobie n'avait été suscitée que par une histoire qu'ils avaient entendue ou par un rêve qu'ils avaient fait.

Ces deux chercheurs ont en outre découvert que l'expérience traumatisante, réelle ou imaginée, a tellement choqué la personne que désormais son corps produit une quantité massive d'adrénaline de manière à y faire face, or cet afflux d'adrénaline fait disparaître une autre pensée importante : la personne en question a survécu à cette expérience. C'est pourquoi le stimulus, qui peut n'être qu'un simple mot écrit sur un morceau de papier, peut provoquer une réaction aussi disproportionnée, alimentée par l'idée que « Je vais mourir/étouffer/être tué, etc. »

Des recherches qui ont ensuite été menées sur le syndrome de stress post-traumatique ont confirmé leurs conclusions et ont en outre permis de découvrir que l'afflux d'adrénaline conduit à une « surcharge » de la mémoire à court terme. Ainsi non seulement l'expérience se retrouve stockée dans la mémoire à long terme en tant qu'élément de la mémoire conceptuelle, mais l'adrénaline produite est elle aussi stockée dans la mémoire à long terme où elle est associée au souvenir de l'expérience. C'est pourquoi le simple fait de voir le mot écrit peut non seulement raviver le souvenir, mais aussi stimuler l'adrénaline.

Revenons-en à la peur de parler en public. Elle peut remonter à l'enfance, si la personne a été humiliée ou malmenée devant ses camarades de classe par un enseignant ou par d'autres élèves. La personne phobique peut avoir été témoin de scènes de ce genre et avoir par conséquent décidé de se faire toute petite ou de passer pour une idiote plutôt que d'ouvrir la bouche et prouver qu'elle en est une. Quelle que soit la cause d'une phobie, la peur qu'éprouve la personne lui fait perdre ses moyens, à tel point que sa carrière risque d'en souffrir.

Astuces pour gérer les personnes phobiques

Cela n'a rien de facile. Richard Bandler a mis au point une technique baptisée « Traitement rapide contre les phobies » (ou « traitement en dix minutes contre les phobies »), qui permet de guérir une phobie en très peu de temps. Je ne vous conseille cependant pas de vous lancer sans avoir au préalable été formé par un professionnel de la PNL (programmation neurolinguistique). Voici donc quelques conseils pratiques qui ont fait leurs preuves, surtout si vous les appliquez à un moment calme et non à l'approche d'une présentation.

Que risque-t-il de se passer exactement ?

On craint souvent davantage la peur que nous inspire un événement que l'événement lui-même. Cette méthode qui consiste à poser des questions permet de contourner la peur et de se concentrer sur ses conséquences plutôt que sur ses causes. Le plus simple est de l'illustrer par un exemple. Ici vous êtes A, l'agent qui va permettre de faire disparaître la phobie, et P est la personne phobique que vous aidez. Les règles d'or que vous devez suivre sont les suivantes :

- Incitez P à parler des choses, sans le laisser s'en émouvoir. Il est essentiel de parler sur un ton vif et neutre, un peu à la manière d'un journaliste, plutôt que de prendre un ton réconfortant et plein de compassion qui risque d'encourager la personne à se laisser aller.
- Veillez à ce que P emploie le *passé* pour parler des expériences passées qui l'ont mis mal à l'aise et le *futur* pour évoquer les expériences à venir.
- Choisissez un lieu et un moment calmes et propices à la détente afin que P se sente apaisé, peut-être pour la première fois, en évoquant la manière dont les choses pourraient se passer à l'avenir.

EXEMPLES

P : Je suis terrifié à l'idée de devoir parler en public.

A : Alors jusqu'à maintenant vous avez eu peur (notez l'emploi du passé) de parler en public ? Qu'est-ce qui pourrait arriver exactement qui vous fait si peur ? (Accordez à P tout le temps nécessaire pour réfléchir. S'il commence à se sentir contrarié, rappelez-lui tout de suite qu'il ne s'agit que de repenser aux faits. Profitez-en pour lui dire de se redresser un peu, qu'il soit debout ou assis, car il est quasiment impossible de broyer du noir alors que l'on se tient bien droit. Essayez vous-même : tenez-vous bien droit, assis ou debout, et dites-vous « Je suis déprimé ». Pas très convaincant, n'est-ce pas ?)

P: J'imagine que j'ai peur que l'on me pose une question à laquelle je ne saurai pas répondre…

A: Vous avez peur que l'on vous pose une question à laquelle vous ne sauriez pas répondre. Si cela arrivait, que risquerait-il exactement de se passer ensuite? (Encore une fois, accordez à P tout le temps nécessaire pour réfléchir à cette question. Il est fort probable qu'il n'y ait jamais vraiment pensé car rien que l'idée lui faisait déjà peur.)

P: Je pense que je pourrais juste dire: « Je ne connais pas la réponse à cette question pour l'instant, je vais me renseigner et je vous tiens informé. »

A: Bien. Et si vous disiez: « Je ne connais pas la réponse à cette question pour l'instant, je vais me renseigner et je vous tiens informé », que pourrait-il exactement se passer ensuite?

P: (qui réfléchit un peu puis sourit): J'imagine que la personne dirait juste: « D'accord », et je reprendrais ma présentation.

A: Et si vous repreniez votre présentation, que pourrait-il exactement se passer ensuite?

P: C'est bon, je crois que j'ai compris!

Cet exemple est fondé sur de nombreux cas réels. Le moment clé est celui où P sourit ou rit en pensant à la manière dont les choses se passeraient effectivement, au lieu d'être pétrifié par la peur. Quoi qu'il arrive, il peut être utile de renforcer cette nouvelle vision des choses en envisageant d'autres exemples de situation. Vous pourriez dire par exemple: « Alors, dites-moi comment vous vous y prendriez dans une situation où…? »

S'attaquer à ses plus grandes peurs

Une autre approche concrète pour venir à bout d'une phobie consiste à mettre la personne phobique face à un groupe de trois ou quatre personnes auxquelles on a demandé de faire ce que la personne craint le plus. Cela vous semble peut-être atroce, mais en réalité ce n'est pas du tout le cas! Pourquoi pas? Parce que:

- La personne phobique sait qu'elle peut demander à faire une pause pour réfléchir dès qu'elle le souhaite;
- Elle peut demander aux personnes qui sont face à elle des conseils sur la manière de s'y prendre avec elles;
- Plus important encore, les personnes qui jouent le rôle du public peuvent expliquer ce qui a bien fonctionné de leur point de vue et émettre des suggestions sur ce qui fonctionnerait encore mieux.

Cette technique mise en pratique sous forme d'atelier fonctionne vraiment très bien avec des groupes de trois ou quatre personnes car celles-ci peuvent, l'une après l'autre, jouer le rôle de celui qui fait la présentation pour les autres. En outre, dans les faits, la plupart des gens sont tout à fait capables de se tenir debout face à un public et de parler. Leur problème est plutôt de parvenir à surmonter la peur qui jusque-là les empêchait de faire une chose qu'ils savent très bien faire.

33

Les radoteurs

c'est-à-dire les gens qui ne cessent de répéter les mêmes choses.

Ce qui nous met hors de nous

Certaines personnes répètent plusieurs fois ce qu'elles viennent de dire. Ou elles disent plusieurs fois la même chose de différentes manières. Ou elles demandent si elles vous ont déjà dit que… Ou elles vous le redisent, sans demander si elles vous en ont déjà parlé. Et cette manie peut devenir agaçante et troublante.

Mais que se passe-t-il ?

En dehors de toute origine médicale, à savoir un problème d'amnésie voire une légère démence, cette tendance à se répéter est le fruit de trois facteurs.

Premièrement, la personne n'a pas *l'impression* d'avoir été entendue, c'est pourquoi elle répète ce qu'elle vient de vous dire, quelle qu'ait été votre réponse.

Deuxièmement, elle n'a pas *remarqué* que vous l'avez entendue, donc elle se répète.

Troisièmement, elle a besoin d'entendre ou de voir une chose plus d'une seule fois pour être convaincue.

> **La prochaine fois peut-être...**
> Certaines personnes n'ont besoin que d'un avis pour être convaincu, par exemple lorsqu'elles cherchent un bon restaurant. Si elles demandent à des connaissances de leur en conseiller un de tel ou tel type (cuisine étrangère, ambiance festive ou plutôt intime, cuisine traditionnelle, etc.), elles suivront très probablement ce conseil.
> En revanche, d'autres personnes ont besoin qu'au moins deux personnes leur recommandent quelque chose, avant de se lancer et d'essayer.

Astuces pour gérer les radoteurs

Regardez-les dans les yeux

Il se peut que votre interlocuteur ne vous ait pas regardé quand vous lui avez répondu et de ce fait votre réponse peut lui avoir échappé. Veillez donc, dans la mesure du possible, à le regarder dans les yeux quand vous réagissez à ses propos.

Insistez bien

Dans la plupart des cas, que vous regardiez votre interlocuteur dans les yeux ou non, mieux vaut lui dire explicitement que vous l'avez entendu, mais en insistant davantage que ce que vous feriez naturellement. Par exemple, au lieu de vous contenter de dire :

- « Mmmh »,
- « D'accord »,
- « C'est ça ».

Vous pourriez plutôt dire quelque chose comme :

- « J'ai bien entendu votre point de vue et je vais y réfléchir, merci. »,
- « D'accord Éric, merci pour tout cela, j'apprécie d'avoir votre avis. »

Ce faisant vous répondez en vous répétant un peu, calquant ainsi votre mode d'expression sur le sien, ce qui multiplie vos chances d'être compris et entendu.

Appelez la personne par son nom
N'oubliez jamais que, comme dans l'exemple ci-dessus, le simple fait d'appeler une personne par son prénom (ou son nom, selon la nature de vos rapports) peut sensiblement vous aider à faire passer votre message, dans le sens où vous dites explicitement à qui vous vous adressez.

Faites le point
Si vous constatez que votre interlocuteur est un peu piégé et perdu au milieu de ses répétitions, vous pouvez dire, en l'interrompant si nécessaire, quelque chose comme : « Je ne sais plus très bien où nous en sommes : qu'étiez-vous en train de dire ou de demander exactement ? »

Mais pourquoi ?
Vous pouvez également demander à votre interlocuteur pourquoi il se répète alors que vous lui avez déjà répondu. Dans la plupart des cas, il vous dira qu'il ne se rendait pas compte du fait qu'il se répétait, auquel cas vous pourrez lui demander comment lui faire prendre conscience de ses répétitions lorsque cette situation se reproduira.

Quand tout cela n'a rien à voir avec vous
Le processus est tout à fait différent lorsque votre interlocuteur est simplement en train de penser à haute voix et que,

de ce fait, il répète la même chose à maintes et maintes reprises. Je me souviens d'un ami qui m'a dit un jour, on ne peut plus clairement, qu'il n'était pas en train de me demander mon avis, merci bien, et que mes idées sur le sujet ne l'intéressaient pas. J'ai été un peu surpris car je croyais que cela faisait dix minutes qu'il me demandait justement ce que je pensais.

Quand je lui ai demandé quel rôle je pouvais jouer dans cette conversation, il a juste eu l'air étonné et m'a dit qu'il avait besoin de réfléchir à toutes ces choses, mais qu'en aucun cas il n'attendait de réponse de ma part. En fait, il aurait même préféré que je n'intervienne pas et il m'a invité à lire un livre ou à regarder la télévision plutôt qu'à l'écouter.

Par la suite, à chaque fois que j'avais l'impression qu'il faisait cela, je l'interrompais gentiment pour lui demander : « Est-ce que je suis censé répondre quelque chose ou est-ce que tu ne fais que penser à haute voix ? », et il me regardait presque surpris de voir que j'étais encore là !

34

Les gens qui passent du coq à l'âne

qui sont imprévisibles et qui ne savent pas se concentrer sur une idée (car des idées, ils en ont trop).

Ce qui nous met hors de nous

Rien n'est plus insupportable qu'une personne qui commence à développer une idée, puis qui digresse vers une autre, ce qui lui fait penser à autre chose, elle ne manque donc pas d'en parler aussi, puis lui vient une autre idée, puis une autre, ce qui finit par ressembler à cette phrase! Difficile de suivre sa pensée (voire ses pensées!), de voir où elle veut en venir et donc de la suivre. Et lorsqu'on essaie d'approfondir l'une de ses idées, cette dernière la laisse froide depuis longtemps car une autre lui a succédé. C'est à la fois éreintant et déconcertant.

On peut alors être tenté d'ignorer cette personne en se disant: « Et voilà, elle est repartie! », puis de la mettre de côté au lieu de la faire participer aux réunions comme aux conversations informelles entre collègues.

Mais que se passe-t-il ?

Ce n'est pas que les idées de cette personne qui passe du coq à l'âne sont forcément mauvaises, mais elles sont présentées de manière confuse. Certaines personnes ont tout simplement l'habitude de penser à haute voix, d'autres ont toujours l'intime conviction qu'elles viennent d'avoir « l'idée du siècle » et elles s'enthousiasment à chaque fois ou presque. Mais quand une nouvelle idée se présente, la précédente semble ne plus avoir le moindre attrait.

Chez certains individus, il arrive aussi que le cerveau produise un flot continu d'idées et de pensées nouvelles, à tel point que les facultés d'analyse de ces personnes sont insuffisantes pour suivre le rythme de leur créativité.

Astuces pour gérer les gens qui passent du coq à l'âne

Ce sont des gens plutôt faciles à gérer, quelles que soient les causes de leur comportement.

Aidez la personne à se concentrer sur une seule chose

Vous devez endiguer le flot de ses idées et la faire revenir sur terre, par exemple en lui demandant tout simplement : « Donc qu'êtes-vous précisément en train de nous dire ou de suggérer ? » ou « Voilà tout un tas d'idées qui semblent toutes très intéressantes, pourriez-vous nous dire lesquelles vous paraissent prioritaires ? »

Donnez-lui du temps pour se concentrer

Il faut que la personne qui passe du coq à l'âne prenne conscience du fait que si elle se laisse emporter par le tourbillon de ses pensées, vous l'arrêterez immédiatement et la renverrez dans son bureau pour réfléchir et mettre de l'ordre dans tout cela. Vous pouvez par exemple lui dire :

« Vous avez manifestement de nombreuses idées sur le sujet et nous voulons bien sûr savoir vers quoi elles mènent, nous vous prions donc de bien vouloir consigner vos recommandations par écrit. » ou « Tout cela semble prometteur, pourriez-vous donc vous limiter à une seule recommandation dont vous pourrez nous faire part soit par oral dans cinq minutes, soit par écrit après la réunion ? »

Parlez-en au bon moment

Il peut être très utile d'en parler calmement avec la personne, mais pas au moment où les idées bouillonnent dans sa tête. Vous pourrez ainsi lui parler de son comportement, lui expliquer ce qu'il a de décourageant pour les autres et par conséquent lui démontrer qu'il met sa réputation en péril.

Vous pouvez lui demander si elle a conscience de ce trait de personnalité. Dites-lui que vous seriez très heureux de l'aider à changer sa manière d'exposer ses idées de manière à être mieux entendue pendant les réunions, ainsi que d'évaluer avec elle ses progrès en la matière. Suggérez-lui des stratégies que d'autres ont pu trouver efficaces et proposez-lui de réfléchir à d'autres « trucs », par exemple :

- Elle pourrait dresser par écrit une liste de ses idées avant la réunion, puis réfléchir pour les classer en deux catégories : celles qui sont susceptibles de donner une bonne image d'elle tant d'un point de vue personnel que d'un point de vue professionnel, et celles qu'il vaut mieux laisser de côté.
- Elle pourrait synthétiser dans sa tête chacune de ses idées en une phrase claire qui lui servirait de point de départ pour exposer ces idées aux autres personnes participant à la réunion.
- Elle pourrait essayer de se mettre à la place des autres participants et s'écouter exposer ses diffé-

rentes idées, de manière à identifier les points qu'il sera effectivement utile de mentionner.

- Elle pourrait faire connaître son point de vue de façon précise avant la réunion, afin de partir de cette base pendant la réunion.
- Vous pourriez l'aider à voir quand elle commence à se laisser emporter par le flot de ses idées et lui rappeler que seules les réflexions abouties doivent être mentionnées en réunion. Encouragez-la à dire quelque chose comme : « En fait je vais m'arrêter de parler et poursuivre ma réflexion par écrit plutôt qu'à l'oral. »

35

Les égoïstes

qui peuvent aussi être égocentriques, individualistes et manquer d'égards envers les autres.

Ce qui nous met hors de nous

Ils ne voient personne. Ils ne pensent qu'à eux. Il n'y a que « moi, moi, moi » pour eux. Ils nous demandent comment nous allons, mais sans écouter notre réponse, ils commencent à nous raconter leur vie. On dirait qu'ils ne pensent jamais à personne d'autre qu'eux-mêmes. On dirait bien qu'ils pensent que la Terre tourne autour d'eux et d'eux seuls.

Mais que se passe-t-il ?

C'est très simple : ils ne pensent qu'à eux ! Ils ne voient les choses que de leur propre point de vue. Parfois nous nous sentons manipulés car ils ont l'air de s'intéresser à nous ou de comprendre notre point de vue, mais très vite, la vérité éclate : seule leur manière de voir les choses compte.

Généralement les égoïstes se demandent : « Qu'est-ce qui me conviendrait *à moi* ? Qu'est-ce que *je* veux/dois/compte faire ? », plutôt que de se poser des questions plus équilibrées comme :

- « Qu'est-ce qui me conviendrait ? »
- « Qu'est-ce qui vous conviendrait ? »
- « Qu'est-ce qui conviendrait au reste de l'équipe ? »
- « Qu'est-ce qui conviendrait à la société ? »
- « Qu'est-ce qui conviendrait à court terme ? »
- « Qu'est-ce qui conviendrait à long terme ? »

Astuces pour gérer les égoïstes

Accordez-leur davantage de temps

Une fois que ce collègue égoïste a fini de parler, faites-lui remarquer que, jusqu'à présent, il vous a clairement exposé son point de vue et que, même si celui-ci vous intéresse, vous avez également besoin de savoir comment sa réflexion tient compte du point de vue des autres membres de l'équipe, de celui de la société dans son ensemble et de ceux de tous les autres acteurs concernés.

Votre interlocuteur sera peut-être surpris ou choqué : existe-t-il vraiment d'autres points de vue ? Vous devez donc lui accorder du temps pour réfléchir et lui proposer soit de vous remettre un bref document exposant les autres facteurs à prendre en compte, soit de vous revoir un peu plus tard pour en reparler. Vous le contraindrez ainsi à réfléchir de manière vraiment approfondie.

Cette manière de procéder présente l'avantage de respecter véritablement l'analyse qu'il a faite en tenant compte de son propre point de vue (après tout, il a sans doute fait cela très bien car il a des années d'expérience en la matière !), tout en allant plus loin en exigeant précisément que d'autres points de vue soient envisagés. Vous obtiendrez donc une analyse approfondie et impartiale. (Je tiens à souligner que je ne juge pas les personnes individualistes ou égocentriques, l'essentiel étant de les comprendre pour savoir comment réagir.)

Dites-leur précisément ce que vous attendez

Lorsque vous confiez une tâche à une personne égoïste ou égocentrique, précisez les différents points de vue que vous souhaitez qu'elle prenne en compte. Après tout, à force de toujours insister là-dessus, vous finirez peut-être par lui donner l'habitude d'envisager les choses sous différents angles.

Attention

Ce n'est pas une bonne idée d'affubler quelqu'un d'une étiquette négative et réductrice en disant qu'il est un égoïste, comme si toute sa personnalité ne se résumait qu'à cela.

Mieux vaut essayer quelques-unes des astuces proposées ci-dessus et préciser exactement la nature des informations supplémentaires que vous attendrez à l'avenir (c'est-à-dire que vous devez anticiper) plutôt que de dire après coup à une personne que vous pensez qu'elle a mal fait ceci ou cela.

36

Les frimeurs

qui sont suffisants et trop sûrs d'eux, trop extravertis et qui ne cherchent qu'à attirer l'attention.

Ce qui nous met hors de nous

Il y a des gens dont le seul but est d'être le centre de toutes les attentions. Ils sont prêts à attirer l'attention par n'importe quel moyen, sans jamais tenir compte de ce que les autres peuvent souhaiter ou des convenances. Ils ont un besoin physique d'être remarqués et si on ne leur prête pas l'attention qu'ils recherchent, ils n'hésitent pas à recourir à tout leur éventail de comportements visant à capter le regard des autres (en criant, en gesticulant, en pleurant, etc.), jusqu'à ce qu'ils n'aient plus d'autre choix que de disparaître, avec des simagrées de tragédiens médiocres bien sûr. C'est ainsi qu'ils quitteront la salle en trombe ou en s'évanouissant par exemple, et en reprochant aux autres de ne rien comprendre, d'être des idiots, de les rendre malades, etc.

Mais que se passe-t-il ?

Ce besoin quasiment maladif de capter l'attention peut avoir diverses origines. Leurs parents leur ont peut-être dit qu'il faut toujours tout faire pour forcer l'admiration des gens ou qu'il faut toujours combler les silences ou encore que l'on devient invisible et insignifiant si l'on ne se fait pas remarquer.

Ce qui est plus intéressant, c'est le fait que les frimeurs sont souvent tellement occupés à se faire remarquer qu'ils ne voient pas l'effet qu'ils produisent sur nous. Nous en venons à les éviter, à faire comme si nous ne les avions pas vus, à prendre des airs absents ou à écourter toutes nos conversations avec eux. Mais ils n'ont pas l'air de s'en rendre compte. On dirait qu'ils ne remarquent que les applaudissements ou les propos élogieux. Jusqu'à ce qu'ils aient besoin d'une nouvelle dose d'attention. C'est éreintant pour nous, mais ça l'est aussi pour eux.

Moi je sais !

J'ai connu un homme, appelons-le M. Durand, qui ne savait tout simplement pas se taire. Tout ce qu'il disait revenait à peu près à clamer : « Regardez comme je suis intelligent », « Dites-moi que je suis brillant » et il répétait sans cesse la même chose jusqu'à ce qu'il obtienne la réaction qu'il attendait.

Un jour, l'un de ses plus anciens clients – en fait le seul client qui lui restait – l'a convoqué et lui a dit : « Écoutez, je dois vous dire quelque chose. Je ne suis pas satisfait... » Immédiatement, M. Durand l'a interrompu : « Oh oui, je suis vraiment désolé de ce qui s'est passé, je n'ai rien pu faire parce que...

– Un instant ! a repris le client. Ce n'est pas ce dont je suis en train de parler, je ne suis pas satisfait de...

– Ah d'accord, l'a encore une fois interrompu M. Durand. Ce n'était vraiment pas de notre faute cette fois-ci parce que...

– ATTENDEZ ! s'est écrié le client. Ce que j'essaie de vous dire, c'est que vous êtes renvoyé, pas seulement à cause de toutes les erreurs que vous avez commises, mais surtout – et ne m'interrompez pas s'il vous plaît – parce que je ne crois pas que vous m'ayez laissé achever une seule phrase ! J'ai l'impression que vous ne m'écoutez pas et que vous vous fichez de ce que j'ai à dire. » Sur ce, il s'est levé et a quitté la pièce, laissant M. Durand quelque peu surpris, mais prompt à nous dire que ce client n'était pas sérieux (en fait il n'aurait pu l'être davantage) et qu'il allait bien sûr « sauver la mise » (ce qu'il n'a pas fait bien entendu).

Astuces pour gérer les frimeurs

Accordez-leur ce qu'ils veulent (au moins en apparence)

Le seul moyen d'attirer l'attention d'un frimeur, c'est de lui donner ce qu'il attend : des éloges. N'hésitez donc pas à vous exclamer : « Quelle excellente idée ! », « Merveilleux, c'est exactement ce dont nous avions besoin ! », etc. (Soyez conscient du fait que des compliments courts comme « Parfait ! » ou « Impeccable ! » ne suffiront sans doute pas à le rassasier.)

Ensuite – et c'est là que vous en venez à vos besoins après avoir satisfait *les siens* – ajoutez ce que vous avez à dire, par exemple : « Mais cette idée répond davantage à vos attentes qu'à celles de notre client » ou « Mais j'aimerais entendre un exposé un peu plus cohérent s'il vous plaît ».

Plus tard, au calme ou lors d'un entretien d'évaluation formel, abordez le problème. Vous pouvez dire par exemple : « Nous savons tous que vous êtes brillant Jean, mais nous en avons assez que vous vous sentiez obligé de le montrer à longueur de temps. Vous ne semblez pas avoir remarqué que les gens commencent à hésiter à participer aux mêmes réunions que vous ou à venir vous demander conseil. Soyez certain que votre point de vue compte pour nous, mais vous en faites trop et cela devient pénible. À partir de maintenant, je vous saurais gré de réfléchir avant de parler car nous regretterions de devoir nous passer de vous en réunion. (Votre interlocuteur sera sans doute abasourdi, après tout il était bien trop occupé à faire son cinéma pour se rendre compte de quoi que ce soit, et il vous demandera sûrement de lui donner des exemples. Pensez à l'avance à quelques exemples récents illustrant votre propos.)

Cette approche très directe paraît peut-être dure, mais rien d'autre n'a fonctionné jusqu'à présent. Et de toute façon, être honnête est souvent la meilleure des stratégies. Dites-lui ce qu'il doit entendre en restant juste et il y a fort à parier qu'il vous remerciera pour votre honnêteté… mais peut-être pas sur le coup !

Vous lui aurez donné bien du grain à moudre et il ne sera peut-être pas superflu de lui proposer l'aide d'un professionnel (ou de son supérieur par exemple) pour mener une réflexion approfondie et apprendre à changer de comportement.

Ne laissez plus rien passer

Si vous surprenez le frimeur en train de retomber dans son travers, essayez de l'interpeller pour attirer son attention puis levez un sourcil ou posez un doigt sur vos lèvres pour lui signaler qu'il est en train de « déraper ». S'il ne saisit pas votre message, prenez-le à part sur le moment ou après-coup pour lui expliquer ce qu'il était en train de faire en lui faisant remarquer les réactions d'impatience des autres qu'il n'a pas su voir.

37

Les gens stressés

qui peuvent aussi être anxieux, pleurnicheurs, tendus et/ou inquiets.

Ce qui nous met hors de nous

Certaines personnes se disent trop stressées pour pouvoir affronter davantage de travail, un travail différent voire même la moindre tâche. Alors qu'à une époque on parlait beaucoup de dépression ou de déprime, il est aujourd'hui surtout question de stress, ce dernier étant la première cause d'absentéisme au travail.

Mais que se passe-t-il ?

Les personnes stressées ont souvent le sentiment d'être des victimes. Elles pensent qu'elles subissent des pressions extérieures et qu'elles-mêmes ne peuvent rien y faire. Dans bien des cas, cette vision des choses n'est pas complètement fausse car on doit bien souvent faire face à des difficultés familiales ou professionnelles ou à des problèmes de santé indépendants de notre volonté.

Cependant, il est courant chez ces personnes de noircir le tableau. Elles ont toujours à l'esprit le pire des scénarios qui pourrait se produire, s'est produit ou pourrait bien se produire de nouveau. Elles ne peuvent envisager les choses autrement. Il est donc tout naturel, quand une ombre si menaçante plane sur soi, de se sentir perpétuellement dans un état qui va de la vague angoisse à la terreur et on en arrive bien sûr à se rendre malade d'inquiétude, à se sentir sans cesse sous pression, à être complètement stressé.

Astuces pour gérer les gens stressés

Prendre les choses en main au lieu de les subir

Personnellement, je préfère éviter de demander à une personne stressée ce qui pourrait l'aider car cela risque de renforcer son sentiment d'impuissance. En outre, si elle savait vraiment ce dont elle a besoin, on peut penser qu'elle aurait déjà agi pour l'obtenir !

J'essaie dans un premier temps de mettre les choses sur un plan factuel, en disant par exemple : « Que doit-il se passer pour que cette situation s'arrange ? » (Avant de répondre, mon interlocuteur a généralement besoin de réfléchir un moment et, bien souvent, il finit par répondre qu'il ne voit pas comment cela serait possible de toute façon. Dites-lui bien que vous en viendrez aux *moyens* plus tard et demandez-lui de se concentrer sur la *fin* pour l'instant.) Une fois que cette personne a énoncé clairement toutes les choses qui doivent se produire pour que sa situation s'arrange, je lui demande de distinguer les choses dont elle peut se charger elle-même et celles qui nécessitent l'intervention d'une tierce personne.

C'est seulement à ce moment-là que l'on peut en venir aux *moyens* nécessaires pour faire changer les choses et qu'il faut réfléchir à ce que la personne doit faire pour que d'autres personnes puissent intervenir. Ainsi, la personne stressée se charge elle-même de la mise en œuvre du « plan », elle prend les choses en main au lieu de les subir et elle n'a plus l'impression d'être une victime impuissante.

Prendre les gens au mot

La manière dont les gens décrivent leur situation donne une indication sur ce que l'on peut leur conseiller pour s'en sortir. Par exemple, ils peuvent dire qu'ils :

- sont sous pression,
- sont stressés,
- ne voient plus dans quelle direction avancer,
- sont à bout,
- ne peuvent plus supporter ceci ou cela,
- ont le sentiment qu'on leur impose les choses,
- ne peuvent affronter ce qui risque d'arriver,
- ont l'impression que les circonstances sont contre eux,
- sont au pied du mur,
- ne peuvent continuer,
- vivent au jour le jour.

Les gens stressés affirment fréquemment qu'ils « n'en voient pas la fin », or une fois qu'ils aperçoivent la lumière au bout du tunnel, ils parviennent souvent à trouver les ressources nécessaires pour le traverser par leurs propres moyens.

En général, je les prends au mot. Par exemple, si quelqu'un dit qu'il se sent « sous pression », je lui demande ce dont il aurait besoin pour que cette pression disparaisse. On pourra ainsi demander à une personne qui se sent « au pied du mur » ce qui pourrait l'aider à franchir ou à contourner ce mur. Une personne qui ne peut plus « continuer » saura peut-être vous dire ce qu'elle voudrait pourtant continuer à faire. En reprenant la métaphore utilisée par la personne stressée, vous pouvez l'aider à voir ce qui serait souhaitable pour elle.

Envisager d'autres scénarios

Si la personne est obsédée par l'image effrayante de ce qu'elle ne veut pas voir se produire, proposez-lui d'en faire dans sa tête une photographie en noir et blanc glissée dans un cadre et d'imaginer une dizaine de cadres identiques mais vides.

Si la première image représentait le *pire* des scénarios, encouragez votre interlocuteur à faire preuve d'imagination en pensant à un scénario encore plus catastrophique à placer dans le cadre numéro 2. Encouragez-le ensuite à aller encore plus loin et à placer dans le cadre numéro 3 un scénario encore plus dramatique ! (Parfois je plaisante en disant à la personne que si elle ne peut pas aller plus loin, c'est qu'elle manque vraiment d'imagination et, qu'en faisant un petit effort, elle peut sûrement penser à des choses encore plus négatives ! Le but est de placer ses craintes dans un contexte différent, grâce aux scénarios « encore pires » et d'en venir à la faire sourire. Ce processus permet à la personne de rire de ses peurs au lieu d'être stressée.)

Je lui demande ensuite d'imaginer dans le cadre numéro 4 un scénario qui pourrait être positif. Un autre scénario positif viendra se glisser dans le cadre numéro 5 et des scénarios rien moins que parfaits viendront prendre place dans les cadres suivants.

Je rappelle toujours à la personne qu'elle doit vraiment donner libre cours à son imagination, sans s'inquiéter pour le moment des *moyens* qui permettraient d'en arriver là.

Je lui demande ensuite de donner un nom à chacun des cadres (elle peut ainsi nommer chacun d'entre eux sans que j'aie besoin de lui demander de décrire les images qu'ils contiennent) et de me donner un pourcentage de chances pour que chaque scénario se produise réellement. À 100 %, il est absolument sûr qu'il se produira, à 0 %, il est absolument sûr qu'il ne se produira jamais.

De cette manière, la personne stressée :

1. Imagine elle-même d'autres cas de figure ;
2. Envisage chacun d'entre eux sereinement (car ils sont bien enfermés dans leur cadre au lieu d'être des catastrophes menaçantes et inévitables) ;
3. Maîtrise son stress en considérant chaque scénario précisément et objectivement (puisqu'à chacun d'entre eux, elle attribue un pourcentage plutôt que des émotions incontrôlables).

Enfin, nous pouvons discuter des scénarios qui seraient souhaitables et auxquels la personne pourra réfléchir de manière un peu plus approfondie, avant de poursuivre ensemble le processus en réfléchissant aux moyens de concrétiser ces scénarios.

38

Les gens effacés

qui peuvent aussi paraître trop accommodants, influençables, soumis ou faibles.

Ce qui nous met hors de nous

Il y a des gens qui finissent toujours par se laisser faire ou qui se laissent facilement convaincre tout en sachant qu'ils sont en train de commettre une erreur. De ce fait, ils se sentent souvent dépassés, ils en veulent aux autres et sont déçus par eux-mêmes. Les choses se passent donc généralement ainsi : « Je ne peux vraiment pas rester travailler tard ce soir, j'ai déjà prévu de faire autre chose et j'ai donné ma promesse… Je ne veux pas laisser tomber ces personnes… (pause)… Enfin je suppose que je peux remettre cela à plus tard… Bon, c'est d'accord, je vais encore rester tard ce soir. »

Mais que se passe-t-il ?

Paradoxalement, les gens qui ne s'affirment pas ont l'intime conviction de pouvoir tout faire. Ainsi, comme dans l'exemple ci-dessus, ils passent en un clin d'œil de « je ne peux pas » à « je pourrais » puis à « je peux ». À chaque fois qu'ils finissent par faire ce que l'on attend d'eux, ils ragent en leur for intérieur et se disent : « Et voilà, mais pourquoi est-ce que je me laisse toujours faire ? »

Pourquoi ? Tout simplement parce qu'ils ne savent pas utiliser le point final.

Astuces pour gérer les gens effacés

L'assurance n'a rien à voir avec l'agressivité. On peut être sûr de soi tout en étant très gentil ou, mieux encore, en étant « normal ».

On peut tout à fait dire les choses avec assurance en étant à la fois ferme et sympathique. Voici quelques techniques efficaces pour y parvenir, que vous pourrez conseiller aux personnes effacées de votre entourage.

Appliquer la technique du point final

Dans notre exemple en début de chapitre, si la personne avait tout simplement dit : « Je ne peux vraiment pas rester travailler tard ce soir », en faisant bien sentir le point final à la fin de sa phrase, les choses étaient réglées. Comment fait-on « sentir » un point final ? Il suffit de marquer un silence prolongé à la fin de sa phrase, tout en regardant de temps en temps son interlocuteur. Cela signifie clairement : « J'ai dit tout ce que j'avais à dire sur ce sujet, alors la balle est dans votre camp. » (Si dire que la balle est dans le camp de l'autre permet de renforcer sa propre détermination, je pense qu'il vaut cependant mieux le penser intérieurement plutôt que le dire !)

Si le silence se poursuit, il ne faut pas se sentir mal à l'aise car tout ce qui devait être dit a été dit ! Si l'on souhaite quand même se montrer serviable, on pourra proposer d'autres solutions vraiment acceptables. Par exemple : « Je ne peux vraiment pas rester travailler tard ce soir (point). Et pourquoi pas demain soir (point) ? Ou demain matin à la première heure (point) ? »

Changer de sujet
Si le silence dure plus de quinze secondes, on pourra lancer un nouveau sujet de conversation. Par exemple : « Vous vouliez me parler d'autre chose ? » ou « Vous voulez un café, je vais m'en chercher un ? » On montre ainsi à son interlocuteur que la communication reste bien établie mais que LE sujet est clos.

Opter pour la concision
Il ne faut pas oublier que moins on en dit, moins l'autre personne a de possibilités d'insister.

Il suffit d'en dire le moins possible
La société Xerox a mené une étude sur les meilleures excuses auxquelles recourent les assistantes pour passer devant les autres quand il y a la queue à la photocopieuse. Les excuses les plus fréquentes étaient : « Mon chef est au-dessus de votre chef », « Ceci est très urgent » et « Je vais avoir des ennuis si je suis en retard pour remettre ce document ». Or toutes ces excuses laissent la porte ouverte à la contestation. Par exemple : « Eh bien mon chef en a besoin pour son chef ! », « Eh bien mon document est très urgent lui aussi ! » ou « Eh bien vous auriez dû vous en occuper plus tôt ! » L'excuse qui fonctionnait le mieux, parce qu'elle était bien plus difficile à contester était tout simplement : « J'ai besoin d'une copie de ce document tout de suite. »

Ne pas reculer

Un de mes amis, Jean, est designer. Avec l'un de ses clients, il avait conclu un marché s'élevant à 2700 euros. Quand Jean a montré son projet à son client, ce dernier a déclaré qu'il aimait ses idées, qu'il était d'accord pour les utiliser, puis il a ajouté : « Mais je ne vous paierai que 1500 euros. »

Jean a alors dit calmement, en marquant bien le point à la fin de chaque phrase : « Ce travail m'a pris trois jours. Mon tarif est de 900 euros par jour, ce qui fait un total de 2700 euros. » Le client a essayé de l'amadouer : « Allons Jean, mettons-nous d'accord. 1500 euros. En liquide si vous voulez. »

Toujours calmement, Jean a répondu : « Mais nous avions convenu d'un montant de 2700 euros pour trois jours de travail. Mon tarif étant à 900 euros par jour, le total s'élève à 2700 euros. » Silence. Le client s'est alors remis à discuter, allant chercher tous les arguments possibles et imaginables, y compris : « Si c'est comme ça, je peux demander à quelqu'un d'autre de le faire pour 1500 euros. »

Jean n'a pas reculé d'un millimètre. Il est resté clair et concis : « Si vous voulez ce projet, il vous en coûtera 2700 euros. Cela fait trois jours de travail, à 900 euros par jour. »

Et cela a fonctionné. Le client lui a serré la main en lui disant qu'il était dur en affaires. Plus tard, Jean m'a confié qu'il n'avait pas le sentiment d'être dur en affaires. Il ne s'était tout simplement pas laissé faire, sachant que soit il obtiendrait les 2700 euros comme convenu, soit il serait reparti avec le projet et aurait envoyé une facture de toute façon puisqu'il avait très raisonnablement exigé un bon de commande en bonne et due forme avant de se mettre au travail.

39

Les gens qui manquent d'enthousiasme

qui peuvent aussi manquer d'ambition, de dynamisme, d'entrain, d'imagination, de motivation, d'optimisme ou de fougue.

Ce qui nous met hors de nous

Il y a des gens enthousiastes, ambitieux, dynamiques, concentrés, déterminés, passionnés, etc. S'ils ne parviennent pas à leurs fins du premier coup, cela n'a aucune importance : ils feront tout pour atteindre leur objectif et l'enthousiasme ne les quittera jamais. D'autres, au contraire, ont à peine l'énergie de se lever le matin et ce manque d'entrain peut être à la fois communicatif et agaçant. Peu à peu, il a tendance à refroidir tout le monde.

Mais que se passe-t-il ?

Trois raisons peuvent expliquer le manque d'enthousiasme.

De belles images ou tout en gris ?

Les gens enthousiastes sont généralement très doués pour imaginer les choses en couleurs, en grand, souvent avec des sons et des odeurs, à tel point qu'ils se plongent complètement dans l'image qu'ils se créent. Rien d'étonnant à avoir des envies et de l'ambition quand on voit les choses comme cela. Les autres gens, et j'en fais partie, sont quasiment incapables de visualiser les choses dans leur tête. Tout au plus peuvent-ils apercevoir une image un peu grisâtre. Leur vision des choses est nettement moins alléchante, c'est pourquoi ils sont moins passionnés, moins enthousiastes et souvent moins ambitieux. Qui s'enflammerait pour une vague image grisâtre ?

Qu'est-ce que ça donne quand vous êtes heureux ?

Un jour en réunion, mon équipe et moi-même ne semblions arriver à rien. L'une de mes collègues m'a soudain demandé de me lever et de me « montrer heureux ». Je lui ai demandé ce qu'elle voulait dire et elle m'a répondu qu'elle voulait simplement savoir à quoi je ressemblais quand j'étais vraiment satisfait d'une décision.

Je me suis levé et sans bouger autre chose que les lèvres j'ai dit : « C'est très bien » sur un ton assez plat et neutre. « Très bien, a-t-elle dit, maintenant montrez-nous ce que cela donne quand vous êtes vraiment très content. »

Je me suis relevé et toujours sans rien bouger d'autre que les lèvres, j'ai répété : « C'est très bien » sur le même ton assez plat et neutre. « Parfait. Maintenant, montrez-nous que vous êtes tellement satisfait que vous êtes absolument comblé. »

Oui, vous l'avez sans doute deviné : sur le même ton plat et neutre j'ai dit : « C'est vraiment très bien. » Mes collègues étaient enchantés. « Nous avions l'impression que vous vous disiez satisfait de nos décisions, mais que ce n'était pas vraiment le cas. Maintenant que nous savons que c'est dans votre nature de ne pas manifester d'enthousiasme et de ne pas sauter au plafond de joie, nous n'avons plus qu'à nous estimer heureux des signaux plus discrets que vous nous envoyez. Nous commencions à croire que vous restiez impassible parce que vous n'étiez pas satisfait. » C'était la première fois de ma vie que des collègues me « diagnostiquaient ». Ils voulaient simplement s'assurer que nous nous comprenions bien et qu'il n'y avait pas de malentendu.

Être motivé parce que l'on veut/ parce que l'on ne veut pas

Certaines personnes sont motivées lorsqu'elles veulent quelque chose (par exemple, « Quand j'aurai économisé suffisamment d'argent, je m'achèterai la voiture dont je rêve depuis toujours »), tandis que d'autres sont motivées lorsqu'elles ne veulent surtout pas (par exemple : « Je ne veux pas avoir à me passer d'une voiture et celle que j'ai ne marche plus très bien, je devrais donc économiser de l'argent pour m'en acheter une autre. ») Et comme on peut s'y attendre, les gens qui sont motivés parce qu'ils veulent quelque chose déploient des efforts bien supérieurs aux autres pour l'obtenir. C'est pourquoi ceux qui appartiennent à la seconde catégorie donnent souvent l'impression de manquer d'entrain et d'ambition, d'être tristes et même négatifs.

Vue d'ensemble ou petit détail ?

Les gens qui voient les choses d'une manière globale s'enthousiasment très vite et risquent souvent de tomber dans des pièges que leur fougue les empêche de voir. Les gens qui voient plutôt les détails prennent davantage le temps de se pencher sur chaque petit élément de l'ensemble avant de se faire une idée.

Imaginez donc à quel point ce peut être horripilant pour quelqu'un qui voit les choses en grand, qui est très motivé par ce qu'il veut obtenir et qui s'enflamme vite pour une idée, de se retrouver en face d'une personne qui voit les choses en gris, qui est plutôt motivée par ce qu'elle ne veut pas et qui prend le temps de penser à tous les détails. « Oh, j'ai eu une super idée pour X, nous pourrions faire A, B et C » risque bien de susciter pour toute réponse : « Oui, mais comment allons-nous trouver les fonds nécessaires ? » ou « Mais souvenez-vous que cela n'a pas fonctionné quand nous avons voulu le faire en 1990 ! »

Astuces pour gérer les gens qui manquent d'enthousiasme

J'ai oublié quelque chose ?

Si vous avez la chance d'être enthousiaste par nature, n'oubliez jamais que ceux qui ne le sont pas, sont nés comme cela et que leur manière de réagir est automatique. Ils ne font pas exprès d'être « tristes » ou « négatifs », mais ils ne voient pas les choses en grand avec des couleurs vives, c'est pourquoi ils vous semblent peut-être ternes et rabat-joie. Essayez d'exploiter leur capacité à voir les pièges pour éviter de tomber dedans. Demandez-leur : « Alors, quels sont les obstacles auxquels je n'ai pas pensé ? Qu'est-ce qui pourrait mal se passer ? »

Ne vous attendez ni à un débordement d'enthousiasme ni à une réaction énergique : ce n'est tout simplement pas leur style. Vous ne les entendrez peut-être jamais s'enthousiasmer ni dire que telle idée est « formidable » parce qu'ils ne fonctionnent pas comme ça. Mais si vous leur demandez : « Si nous prévoyons tous les écueils éventuels, vous ne vous opposerez pas à ce projet ? » et qu'ils ne soulèvent aucune objection, considérez que de leur part, cela revient à acquiescer avec ferveur.

Vous constaterez aussi qu'ils réagissent mieux à des propositions telles que : « Pourriez-vous me rédiger un petit rapport exposant vos conclusions ? » ou « Vous me direz plus tard les choses auxquelles je n'ai pas pensé dans mon élan. »

Bannissez les « Oui, mais... »

Encouragez cette personne peu enthousiaste à ne plus dire « Oui, mais... » Demandez-lui d'essayer de dire plutôt quelque chose de constructif comme : « Cela a l'air très intéressant/prometteur. » (Parce que c'est le cas, au moins pour celui qui a eu l'idée en question.) « Dites-nous comment vous envisagez les choses/exactement comment cela fonctionnerait/ce que cela nous apportera. » (Et de toute façon, toutes les autres personnes présentes ont elles aussi besoin d'en entendre davantage pour se faire une opinion.) Elle pourra également dire : « Je pense effectivement que cela pourrait marcher, mais pour en être sûr, je voudrais que nous discutions de trois ou quatre points précis. »

En faire un peu plus

Si la personne ne manifeste vraiment aucun enthousiasme (voir ma propre expérience dans l'encadré « Qu'est-ce que ça donne quand vous êtes heureux? » p. 181), vous pouvez l'encourager à essayer de s'exprimer avec davantage de force, en marquant ensuite une longue pause après son point final pour laisser aux autres le temps de prendre la mesure de ce qu'elle vient de dire. Par exemple : « Je suis vraiment ravi de ces résultats. » (Longue pause) N'oubliez pas que si la personne en fait trop, son entourage trouvera que son enthousiasme sonne faux. Faites-lui bien comprendre qu'un tout petit signe de sa part sera interprété comme un cri de joie de la part d'une personne enthousiaste.

40

Les insatisfaits

que l'on prend aussi pour des ratés ou pour des gens tristes, médiocres, frustrés ou qui ne sont pas à la hauteur.

Ce qui nous met hors de nous

Il manque un petit quelque chose à ces gens. Dans leurs yeux, dans leur voix, dans leur démarche, dans leur travail, dans ce qu'ils sont en fait. Il leur manque quelque chose d'important et ils le savent bien. Leur entourage s'en rend souvent compte lui aussi. Même si, voire surtout, ces gens essaient de compenser ce manque en se forçant à manifester beaucoup (trop) d'entrain.

Mais que se passe-t-il ?

Certaines personnes ne savent pas ce qu'elles veulent faire, c'est pourquoi elles ont l'habitude de ne guère éprouver de satisfaction. Après tout, si vous ne savez pas où vous voulez aller, inutile de vous mettre en route.

D'autres ont pu très bien savoir ce qu'elles voulaient, mais d'autres gens, les limites de leurs capacités ou « les circonstances » ont pu les empêcher d'atteindre ce but.

Dans un cas comme dans l'autre, elles peuvent éprouver un sentiment de frustration qu'elles exprimeront en se dénigrant : « Je suis un raté », « Je ne suis bon à rien », « Je ne mérite pas mieux », « De toute façon je ne vaux rien ».

Astuces pour gérer les insatisfaits

On n'est pas ce que l'on fait

Dans un premier temps, l'essentiel est de faire en sorte que la personne cesse de s'attribuer une étiquette négative, en distinguant ses compétences de ce qu'elle est. C'est là une démarche fondamentale pour beaucoup de gens qui estiment que parce qu'ils ont mal fait quelque chose par exemple, alors ils sont des bons à rien. Or une fois que cette idée leur est venue, ils se mettent à chercher des exemples qui prouvent effectivement qu'ils ne savent rien faire. Souvent les gens sont tellement persuadés d'être nuls ou inutiles que cela peut être un véritable choc pour eux de se rendre compte du fait qu'ils ont aussi des qualités.

Vous devez donc vous attendre, à court terme au moins, à devoir passer un certain temps avec eux, au calme, pour qu'ils aient le temps de prendre conscience de tout cela. Voici quelques pistes pour commencer :

- « Je vois bien que vous vous sentez complètement inutile, pourtant vous avez toujours été doué pour faire X, plus doué que n'importe qui d'autre à vrai dire. Et vous exprimez très clairement ce que vous ressentez, vous êtes donc indubitablement doté d'une grande intelligence émotionnelle et vous communiquez très bien, même si vous n'avez pas conscience de ces savoir-faire. Je me demande donc quelles sont les autres compétences que vous ne voyez pas. Quelles sont les autres choses que vous savez bien faire ou que vous aimez faire ? »

- « Vous dites que vous ne valez rien, mais moi je suis heureux de vous avoir comme employé car vous êtes excellent en X et Y, et, à vrai dire, aucun de vos collègues ne vous arrive à la cheville pour faire Z. Alors (petite étincelle dans le regard), quels sont les *autres* savoir-faire dont vous ne tenez pas compte ? Et au fait, on dirait que vos enfants vous aiment et vous respectent beaucoup, ce qui laisse supposer que vous les éduquez très bien. Alors quelles sont les autres compétences que vous nous cachez ? »

Concrétiser ses rêves, mais comment ?

Demander à quelqu'un : « Qu'est-ce que vous voulez vraiment faire ? » est une démarche importante, alors ne soyez pas étonné si certaines personnes rechignent à admettre ce qu'elles voudraient vraiment car elles ont peur de ne pas être capables de maîtriser leurs souhaits une fois qu'elles auront osé y penser – dans leur tête ou en en parlant avec une tierce personne. Cependant, on peut se rendre malade physiquement et psychologiquement à force de réfréner des envies qui finiront par ressortir un jour.

Alors oui, peut-être que le fait de s'avouer ce dont elle a vraiment envie et de faire le nécessaire pour l'obtenir conduira cette personne à changer de travail, à quitter son conjoint, à s'éloigner de son cercle d'amis, mais en échange elle gagnera la liberté de faire ce dont elle a *vraiment* envie et ce qui lui apportera une véritable satisfaction.

Rien que d'y penser, il y a de quoi être terrifié et se sentir encore plus incapable car on se rend compte que l'on ne peut même pas faire ce que l'on sait pourtant devoir faire. Il est alors fondamental de distinguer la *fin* des *moyens*. J'ai remarqué à maintes occasions que la plupart des gens ne parviennent pas à atteindre leur but parce qu'elles s'inquiètent – certes à juste titre – des moyens qui vont leur permettre d'y parvenir : comment vont-elles obtenir les fonds nécessaires, les autorisations, etc. ? Mais si on les encourage à oublier un moment les moyens pour se concentrer sur l'objectif qu'elles veulent atteindre, le sentiment de libération qu'elles éprouvent est si fort qu'il est presque palpable. Je n'ai jamais rencontré personne qui, en deux heures maximum (et avec de l'aide bien sûr, car il est souvent difficile d'y voir clair dans ces situations), ne soit pas en mesure de dire ce qu'il veut vraiment et d'être motivé, plein d'entrain et soulagé par cette prise de conscience. Et il n'y a aucune urgence à répondre à la question : « Comment vais-je y arriver ? » La perspective est tellement attirante que l'on ne veut plus qu'une chose : prendre du temps pour réfléchir aux différents moyens d'en faire une réalité.

Rappelez-vous que la clé du succès, c'est d'avoir une *fin* (but) bien déterminée, mais des *moyens* interchangeables. La *fin* déterminée alimente la motivation, tandis que les *moyens* interchangeables nous permettent de tout tenter pour obtenir ce que nous voulons. N'oubliez pas non plus de dire à votre interlocuteur que s'il échoue une fois en s'y prenant d'une certaine façon, il ne doit pas retenter l'expérience : elle n'a pas marché ! Il doit tenter quelque chose de différent !

Mais je ne sais pas ce que je veux !

Nombre de personnes voudraient se lancer pour obtenir ce qu'elles souhaitent... si seulement elles savaient ce dont elles ont envie ! Cette situation est très courante car rares sont ceux qui ont une idée précise de ce qu'ils voudraient faire. Les suggestions suivantes pourront peut-être les aider à y voir plus clair, surtout si vous les associez plutôt que de vous contenter de n'en choisir qu'une ou deux :

- La personne que vous aidez doit être réaliste et être prête à consacrer au moins quelques mois à ce processus de réflexion. En effet, si les décisions étaient faciles à prendre, cela ferait des années qu'elle les aurait prises et mises en œuvre.

- Au lieu de n'aboutir à rien en essayant de décider ce dont elle *a envie*, encouragez-la à se concentrer sur ce dont elle n'a *pas envie* puis procédez par élimination.
- Cherchez quel est l'objectif le plus large qu'elle souhaite finalement atteindre. Elle peut par exemple être à la recherche d'un emploi rémunéré car elle veut *gagner de l'argent* ou au contraire rechercher une activité bénévole pour sortir de chez elle et *s'occuper utilement*.
- Faites-lui :

1. Dresser la liste des choses qu'elle aime faire (au plan professionnel comme au plan des loisirs), par exemple marcher au grand air et peindre des murs,
2. Dresser la liste des savoir-faire qui lui permettent de faire cela, par exemple une relation privilégiée avec la nature, une grande adresse et de l'endurance, une attention particulière aux détails, etc., puis
3. Réfléchir aux portes que ces savoir-faire pourraient lui ouvrir en termes d'emploi rémunéré, d'activité bénévole, etc.

   Ensuite cette personne pourra :

   – Rencontrer un spécialiste en orientation professionnelle qui vous aura été recommandé (renseignez-vous au Pôle Emploi, dans un centre de formation ou à l'université la plus proche).

   – Faire des recherches en suivant son instinct et en s'appuyant sur ses connaissances : demandez-lui de penser aux personnes qu'elle connaît dont le travail lui semble intéressant ou aux personnes qui ont l'air d'aimer ce qu'elles font, elle pourra ainsi les interroger, leur rendre visite sur leur lieu de travail et se documenter sur leur métier.

– Consulter les petites annonces professionnelles dans les journaux locaux et les classer en trois catégories : celles qui ont l'air intéressantes, celles qui lui semblent épouvantables et celles dont elle ne sait pas trop quoi penser. Elle analysera ensuite ce que les annonces de chaque catégorie ont en commun, ce qui lui permettra d'identifier ce qui, *en principe* et d'une manière générale, l'intéresse, la rebute ou l'intrigue un peu.
– Demander à un ou plusieurs amis de l'aider dans chacune de ces tâches : c'est bien plus agréable et plus constructif car elle pourra discuter de ce qu'elle pense et ressent avec ces personnes qui pourront en outre lui poser des questions pour approfondir sa réflexion.
– Se rendre compte qu'il s'agit d'un processus long et lent, mais que c'est parfaitement normal.

Mais c'est trop tard !

Si une personne sait ce qu'elle veut vraiment (devenir un champion de course à pied), il est tout naturel qu'elle soit déçue si cet objectif semble inatteignable (si elle est âgée de 80 ans). Il convient donc d'aller plus loin et de chercher ce que cela lui apporterait exactement d'atteindre ce but.

Vous pouvez lui demander : « Alors, qu'est-ce que cela vous apporterait de devenir champion de course à pied ? » Si vous lui donnez suffisamment de temps pour réfléchir, les vraies raisons qui justifient cette envie apparaîtront. Cette personne n'a peut-être jamais eu l'impression qu'elle pouvait gagner quoi que ce soit. Ou peut-être aime-t-elle tout simplement l'ivresse de la vitesse.

Vous pouvez donc maintenant chercher d'autres *moyens* de ressentir la satisfaction d'avoir gagné (peut-être pouvez-vous vous renseigner sur différents types de jeux sur ordinateur, de jeux de cartes, etc.) ou l'ivresse de la vitesse (grâce au cyclisme peut-être, avec une surveillance médicale adaptée, en montant sur des montagnes russes ou en faisant du hors-bord...).

Votre interlocuteur peut aussi regretter de ne pas être médecin comme il l'a toujours voulu, mais il pense maintenant qu'il est trop tard pour reprendre de longues études. Vous pouvez alors lui demander : « Qu'est-ce que cela vous aurait apporté d'être médecin ? » et lui accorder du temps pour y réfléchir. Les raisons profondes de ce souhait finiront alors par ressortir. Il vous dira par exemple : « Mon frère/ma sœur était malade quand nous étions petits et j'ai toujours voulu aider les gens malades. » La solution consistera alors peut-être à chercher un emploi dans un cabinet médical, dans un hôpital ou dans une maison de retraite et/ou à s'investir dans une activité bénévole dans l'une de ces structures. L'essentiel est d'élargir l'horizon de la personne pour qu'elle envisage d'autres activités que celle à laquelle elle avait pensé en premier.

41

Les gens qui manquent de motivation

et qui sont indifférents, détachés, lents, léthargiques, réticents à tout et qui en font le minimum, ne prennent aucune initiative, manquent de curiosité, jouent la montre, ne veulent participer à rien, n'ont aucune volonté et passent leur temps à regarder l'heure.

Ce qui nous met hors de nous

Il y a des gens que leur travail n'intéresse pas et il est très difficile de les faire changer. Or il est indispensable de les faire s'intéresser à leur travail pour qu'ils soient motivés, ce qui est indispensable pour qu'ils s'investissent vraiment dans leur travail. Désespérés, nous finissons par nous exclamer : « Mais vous vous en fichez ou quoi ? », une question à laquelle notre interlocuteur, s'il est sincère, répondra sur un ton neutre : « Oui, c'est vrai. »

Le plus agaçant, c'est que ces gens sont parfois motivés par autre chose ou par quelqu'un en dehors du travail, mais le fait est que c'est à nous de réussir à les dynamiser vis-à-vis de leur activité professionnelle.

Et effectivement, nous arrivons parfois à allumer une étincelle d'intérêt dans leur regard, mais nous devons sans cesse faire l'impossible pour alimenter ce feu alors que les gens qui sont véritablement intéressés arrivent à l'entretenir elles-mêmes.

Mais que se passe-t-il ?

Le manque de curiosité

Certaines personnes n'ont aucune curiosité pour elles-mêmes. (On a souvent dit que Ronald Reagan n'était pas très doué pour l'introspection parce qu'il n'était pas curieux de lui-même.) D'autres n'ont aucune curiosité vis-à-vis des gens qui les entourent, des situations qu'elles vivent, voire de la vie en général. Il n'y a donc rien d'étonnant à ce que certaines personnes n'éprouvent aucune curiosité pour leur travail, les retombées de leur travail ou l'utilité de leur travail. Peut-être leur a-t-on répété à une certaine époque de se mêler de leurs affaires. Après tout, « la curiosité est un vilain défaut », paraît-il ?

Peut-être que ces personnes ont par le passé manifesté de l'intérêt pour leur travail, mais on a pu les décourager dans cette voie en leur disant des choses comme : « Contentez-vous de faire votre travail et laissez-moi prendre les initiatives » ou « Restez à votre place et n'essayez pas de regarder plus haut ».

Peut-être qu'elles ont tant de choses à faire et à gérer en dehors du travail que s'investir dans un domaine supplémentaire leur est tout simplement impossible.

Autrement dit, quelles que soient les raisons qui expliquent leur attitude, peut-être se sentent-elles plus rassurées en restant dans leur coin, en tenant leur langue, en se faisant oublier, en ne jouant pas avec le feu et en suivant tous les autres « bons » conseils qu'on leur a prodigués, sans doute à bon escient, selon les situations, mais qu'elles suivent maintenant en toutes circonstances, sans discernement.

Astuces pour gérer les gens qui manquent de curiosité

Comment diable motiver les gens en ne leur faisant courir aucun risque ? Comment développer leur curiosité et leur donner faim d'apprendre sans que cela se retourne contre eux ? Se contenter de leur dire de se défaire de leurs vieilles habitudes, de faire fi de la prudence et de prendre le risque de s'ouvrir à nouveau risque bien de les effrayer encore *davantage*. Ils penseraient peut-être que vous essayez de leur tendre un piège. Ils craindraient peut-être que tout leur retombe dessus.

Donner l'exemple

La meilleure chose à faire, comme dans bien des cas, consiste à ne pas leur dire ce qu'ils doivent faire mais à le leur montrer, à leur servir de modèle. Au sein d'une équipe, vous pouvez poser des questions ouvertes comme : « Alors, qu'est-ce qu'il peut bien être en train de se passer ? » et vous assurer que chaque suggestion est prise au sérieux, qu'elle n'est ni ignorée ni contestée. Et il est fondamental de ne pas exiger d'une personne en retrait qu'elle donne un avis si elle n'en a pas ou si elle ne se sent pas encore suffisamment sûre d'elle-même pour l'exprimer. Laissez-lui le temps de se rendre compte, au fil de vos réunions, du fait que ce n'est pas votre objectif de faire des reproches à vos collaborateurs ou de les « piéger ». On recommande souvent d'interroger les personnes les plus discrètes en réunion, de sorte que chacun puisse s'exprimer, mais mon expérience m'a montré qu'agir ainsi risque plutôt de les effrayer, de les pousser à se replier sur elles-mêmes et de leur rappeler ce qu'elles risquent en s'impliquant et en se faisant remarquer. Mieux vaut les voir en tête-à-tête après la réunion pour évoquer les sujets sur lesquels cette dernière a porté. En procédant ainsi, elles acquerront petit à petit l'assurance nécessaire pour participer ensuite aux réunions.

Le travail en binôme

Si la personne craint de se sentir sur la sellette au sein de groupes plus importants, faites-la travailler en binôme avec un collègue un peu plus curieux qu'elle, mais pas avec le boute-en-train de l'équipe ! Confiez-leur des tâches qui aiguiseront leur curiosité et les intéresseront tous les deux. Mettez la personne effacée à l'aise en lui permettant dans un premier temps d'apprendre la curiosité auprès d'une personne modérée.

Soyez curieux vis-à-vis de leur curiosité

N'oubliez jamais qu'une discussion dans un bureau ou au cours d'une réunion risque d'être bien moins constructive qu'un entretien moins formel. Peut-être pourriez-vous discuter en buvant un café, un verre ou en déjeunant dehors ?

Vous pourriez en savoir davantage sur le manque manifeste d'intérêt et de motivation de votre interlocuteur en commençant par lui poser des questions sur ce qui l'intéresse (plutôt que de l'attaquer directement en lui reprochant son indifférence à l'égard de son travail). Posez des questions ouvertes. Qu'est-ce qui l'intéresse ? (Au travail ou à la maison, à ce stade cela importe peu.) Ensuite, au moment opportun, et ce peut être plusieurs jours plus tard, vous pouvez aller plus loin en lui disant quelque chose comme : « J'ai beaucoup apprécié notre discussion et je me demande, après avoir écouté ce que vous m'avez dit, ce qui à votre avis pourrait rendre votre travail plus intéressant à vos yeux, à la fois du point de vue des tâches que l'on vous confie, mais aussi sur la manière dont elles doivent être accomplies. »

Aucun intérêt

Il y a des gens qui ne s'intéressent pas du tout à leur travail. Absolument pas. Le seul intérêt que ce dernier présente pour eux est peut-être ce qu'il leur permet de ne pas faire : il leur permet peut-être tout simplement de sortir de chez eux, de s'arrêter de s'occuper d'autres personnes, de ne pas avoir à penser à certaines choses. Et si leur travail ne nécessite pas qu'ils soient particulièrement enthousiastes, il n'y a pas vraiment de problème. En fait, cela peut même être souhaitable si ce travail est plus ou moins répétitif.

Une routine qui fonctionne bien

Je me souviens la première fois que j'ai vu une équipe d'employés occupés à accomplir des tâches complexes, mais très répétitives et fastidieuses, de mon point de vue en tout cas. Heure après heure, jour après jour, ils faisaient toujours la même chose. Vous voyez ce que je veux dire.

J'ai naïvement demandé à leur responsable pourquoi il ne leur faisait pas changer de poste de temps en temps, en alternant avec d'autres équipes qui faisaient elles aussi un travail répétitif. « C'est une excellente idée si nous voulons faire chuter leur productivité, les rendre malheureux et les faire partir ! », m'a-t-il répondu. Interloqué, j'ai murmuré : « Heu, vous pouvez m'expliquer ? »

« De quoi sont-ils en train de parler ? » m'a demandé le responsable. Je n'avais jusqu'alors pas vraiment remarqué leurs bavardages. Il était question d'enfants, de petites amies, d'émissions de télévision, de projets de week-end, etc. De tout ma foi, sauf de travail. « Exactement Mike, a repris le responsable. Ils pourraient faire ce travail dans leur sommeil. Ils sont entre amis, ils peuvent discuter de leur sortie de ce soir, convenir de projets pour le week-end prochain, parler shopping, échanger quelques potins, tout cela pendant que leurs mains sont en train de faire automatiquement ce pour quoi ils sont payés. Et vous voulez vraiment que nous allions perturber tout cela ! »

Qu'attendez-vous... ?

Souvent, le plus simple pour savoir ce qui motiverait une personne est de le lui demander. Posez-lui une question qui commence tout simplement par ces quelques mots: « Qu'attendez-vous de... » en ajoutant la suite qui convient selon les circonstances. Par exemple: « de votre travail? », « de la promotion que vous avez demandée? » ou « de cette relation? »

Cette question, si elle est posée gentiment, est une invitation à réfléchir. Votre interlocuteur devra l'intérioriser (en se demandant: « Qu'est-ce que *j'*attends... ») avant de pouvoir vous répondre. Elle présuppose en outre que la personne:

- attend *effectivement* quelque chose;
- *sait* ce qu'elle attend;
- *est capable* de vous le dire; et donc
- peut *se l'avouer* et l'admettre.

Vous pouvez aussi remplacer cette question par une autre: « Alors, qu'est-ce que cela vous apportera? » L'avantage de cette question est qu'elle permet de dépasser les arguments superficiels et de mettre à jour les *véritables* motivations.

EXEMPLE

Trouver la motivation

Q: Alors, qu'attendez-vous de ce travail?

R: Eh bien, pour être honnête, juste qu'il me permette de sortir de chez moi.

Q: D'accord, et qu'est-ce que cela vous apporte de sortir de chez vous?

R: J'imagine que cela me donne un certain sentiment d'indépendance.

Q: Et ce sentiment d'indépendance, qu'est-ce qu'il vous apporte?

R: J'imagine qu'il me donne l'impression d'avoir une certaine valeur en tant qu'individu. Là vous pouvez choisir de vous engager sur un terrain complexe et dangereux, celui de la psychologie, ou vous pouvez rebondir en ramenant les choses sur un plan très concret, ce qui serait bien plus sûr et constructif. Par exemple...

Q: J'aimerais vous parler en toute honnêteté si vous le permettez. Nous accordons beaucoup de valeur (vous reprenez ainsi ses propres mots) à votre travail pour les raisons suivantes: X, Y et Z. Vous l'ai-je déjà dit? Depuis un moment nous réfléchissons aux moyens de vous faire participer davantage/de vous motiver davantage car vos compétences ont une grande valeur pour nous. Alors permettez-moi de vous poser la question suivante: que faudrait-il faire pour que vous ayez envie de participer davantage/d'être plus motivé? Vous pouvez me répondre tout de suite si vous le voulez ou revenir me voir après y avoir réfléchi car ces questions sont trop importantes pour être traitées à la va-vite.

La question magique

Personnellement, je considère la question: « Que faudrait-il faire pour que vous ayez envie de... » comme la question magique car elle encourage la personne à réfléchir:

1) à ce qui compte vraiment pour elle;

2) aux moyens concrets de l'obtenir.

Cette question est en plus utile dans de nombreux cas de figure, par exemple: « Que faudrait-il faire pour que vous ayez envie de déchirer votre lettre de démission et de rester travailler ici ? » ou « Que faudrait-il faire pour que Michel et vous ayez envie de travailler ensemble ? » La personne peut elle aussi se demander : « Que faudrait-il faire pour je sois motivée par mon travail ? »

Voir les choses d'un autre œil

Voir les choses d'un autre œil permet de remettre ses idées en question. En changeant de perspective, on voit des aspects qui nous avaient échappé. Un même objet produit différents effets selon l'angle depuis lequel on le regarde. Il en va de même pour les choses de la vie.

Personnellement j'ai toujours besoin de voir les choses sous un angle original pour être vraiment intéressé et me sentir motivé.

Boom !

Je me souviens d'une discussion que j'ai eue il y a des années avec un ami alors que l'automne touchait à sa fin et que l'hiver arrivait. Quand je lui ai dit que je n'aimais pas cette saison froide, triste et grise, il m'a répondu, surpris : « Ah bon ! Pour moi l'hiver c'est les fêtes de fin d'année, les beaux paysages recouverts de neige, les balades en famille à la montagne... » Et depuis ce jour, moi aussi je me réjouis de l'arrivée de l'hiver !

Alors comment aider quelqu'un à porter un nouveau regard sur son travail ou sur une tâche en particulier, de manière à ce qu'il soit intéressé ou motivé ? Peut-être pouvez-vous prendre un peu de temps pour y réfléchir ensemble. Vous pourrez alors faire des suggestions sur d'autres manières de voir les choses. Vous pourrez aussi réfléchir à d'autres manières d'accomplir cette tâche, penser à l'intérêt qu'elle présente pour les clients et pour la société, etc.

Vous pourrez enfin poser une question qui est une variante de la question magique : « Qu'est-ce qui vous motiverait et vous donnerait envie de faire cela ? »

D'un autre côté...

En suscitant la motivation, la curiosité et l'intérêt d'une personne, vous risquez aussi de lui donner soif d'apprendre et envie de progresser. Tout sera parfait tant que vous aurez les moyens de satisfaire ces nouveaux appétits, en lui faisant suivre des formations ou en lui proposant d'évoluer au sein de la société par exemple. Mais soyez conscient du fait que cette personne en voudra peut-être un jour plus que ce que vous pourrez lui offrir.

42

Les personnes irréalistes

qui ont tendance à trop promettre aux autres et à se leurrer elles-mêmes.

Ce qui nous met hors de nous

Il n'y a rien de pire qu'une personne qui fait une promesse dont vous savez pertinemment qu'elle ne pourra pas la tenir. Devant son insistance, vous lui demandez toutes les garanties possibles, qu'elle vous accorde de bonne grâce, mais au final le résultat est celui auquel vous vous attendiez.

Mais que se passe-t-il ?

Certaines personnes veulent *tellement* faire plaisir qu'elles peuvent promettre n'importe quoi. Cette habitude remonte souvent à l'enfance, puisqu'à l'école, elles devaient trouver la « bonne » réponse, celle que l'enseignant attendait (heureusement cette pratique pédagogique est aujourd'hui sur le déclin).

Souvent on a dit à ces gens qu'ils devaient toujours dire oui, quelles que soient les circonstances. Ou bien on leur a dit que le client a toujours raison. Ou encore que c'est leur travail de dire oui, puis de se débrouiller. Ou enfin que c'est une faiblesse d'admettre que l'on ne peut pas faire quelque chose ou que l'on ne sait pas.

Tous ces principes n'ont évidemment aucun sens, mais une fois qu'ils ont été inculqués, il est difficile de s'en défaire. Même quand on sait au fond de soi que l'on ne pourra rien faire : pour compenser cette angoisse, on se montre d'autant plus confiant et péremptoire devant son interlocuteur.

Il arrive parfois que l'on fasse des promesses irréalistes par ignorance ou par manque de visibilité, mais même dans ces cas-là, bien souvent, la promesse repose sur au moins l'un des « principes » énoncés ci-dessus.

Astuces pour gérer les personnes irréalistes

Demandez des précisions

Si vous avez le moindre doute quant à l'aptitude d'une personne à accomplir ce qu'elle s'engage à faire, demandez-lui de vous indiquer par écrit *comment* elle compte s'y prendre.

Vous risquez fort d'être déçu si elle vous avait promis une affaire exceptionnelle/un délai de livraison extrêmement court, mais mieux vaut prévenir que guérir et, si cette personne se leurre, cela ne signifie pas que vous devez vous aussi perdre toute notion de réalisme.

Attention aux flatteries

Si vous avez remarqué chez quelqu'un une tendance à toujours promettre monts et merveilles, il est possible que cette personne soit tout simplement trop sensible à la flatterie. Le processus est très simple. On lui demande de faire quelque chose en précisant bien qu'« elle seule » peut s'en charger. Alors bien souvent :

- Elle est heureuse/fière qu'on lui demande de se charger de telle ou telle tâche ; et donc
- Elle dit « oui ».

Or ce « oui » signifie en réalité :

- Oui, merci d'avoir pensé à moi ;
- Oui, merci de me le demander à moi ;
- Oui, merci de me flatter (pour que je dise « oui »).

Pourtant, ce que devrait faire cette personne, c'est dire honnêtement : « Oui, j'aimerais beaucoup m'en charger » ou « Comme c'est gentil à vous d'avoir pensé à moi ! », puis ajouter en écoutant la voix de la raison : « Il faut juste que je vérifie mon planning/que j'en parle avec mon supérieur/mon conjoint pour savoir si c'est possible. Je vous rappelle demain matin pour en parler. » Ensuite elle devrait se demander :

- Si quelqu'un d'autre se chargeait de ce travail, aurais-je la moindre envie d'aller le voir/l'écouter/travailler avec lui ?
- Qu'est-ce que ce travail va m'apporter, si tant est qu'il m'apporte quelque chose ? (Financièrement ? En termes de compétence, de réputation ou de satisfaction personnelle ?)
- Ai-je vraiment le temps de m'en charger ?
- Est-ce que je le *veux* vraiment ?

Enfin, si c'est une décision importante à prendre, la personne ne devrait pas trancher trop hâtivement. En cas de doute, elle devrait en parler avec son entourage, voire avec celui qui lui a fait la proposition, si elle a des questions à lui poser. C'est seulement après avoir fait tout cela qu'elle peut accepter si c'est possible ou répondre sincèrement qu'elle aurait beaucoup aimé s'en charger (ce qui est toujours le cas), mais qu'elle n'a tout simplement pas le temps. Et voilà !

43

Les gens méfiants

qui peuvent aussi être trop prudents, cyniques, difficiles à convaincre, sceptiques ou soupçonneux.

Ce qui nous met hors de nous

On peut dire ou demander n'importe quoi à une personne méfiante, elle réagira invariablement en levant un sourcil soupçonneux et en demandant: « Vraiment... ? », en signifiant par tous les moyens possibles que l'on vient d'une autre planète peuplée d'êtres qu'il ne faut surtout pas croire et en qui il ne faut pas avoir confiance. Et même si cette personne ne fait pas exactement cela, c'est néanmoins *l'impression* qu'elle donnera.

La confiance et le respect sont évidemment deux très bonnes choses, mais qui ne vont pas de soi. Il existe deux catégories de personnes. Celles qui appartiennent à la première catégorie partent du principe que l'on ne peut accorder ni sa confiance ni son respect d'emblée et que ces sentiments ne peuvent naître qu'avec le temps, qu'ils sont le fruit d'expériences positives répétées. (Cette façon de voir les choses peut s'appliquer à tout le monde ou être liée, à la suite d'expériences passées, à certains préjugés contre les personnes ayant certaines caractéristiques comme « le regard fuyant » ou « les cheveux blonds ».)

Les personnes qui appartiennent à la seconde catégorie accordent plus facilement leur confiance et ont tendance à accorder aux autres le bénéfice du doute. Elles partent du principe que chacun est digne de confiance et mérite le respect à moins que son comportement ne révèle le contraire.

On a bien évidemment tendance à se montrer méfiant dans les situations lourdes de conséquences. Par exemple, une conversation avec une personne que vous ne reverrez probablement jamais peut être très distrayante, même si vous ne croyez pas un mot des boniments que débite votre interlocuteur, parce que cela reste sans conséquence pour vous. En revanche, si vous observez cette tendance à mentir chez le compagnon d'une amie par exemple, vous aurez tendance à vous inquiéter pour cette amie.

La méfiance et le manque de respect sont des barrières difficiles à comprendre et à surmonter, or au sein d'une société (ou d'une famille), ces barrières risquent de compromettre un processus de communication pourtant indispensable.

Mais que se passe-t-il ?

La confiance n'est pas un sentiment immédiat provoqué par des éléments objectifs. C'est avant tout une opinion ou une conviction fondée sur des valeurs partagées telles que l'honnêteté, la transparence et la décence. C'est alors que l'on se dit : « Je suis sûr de pouvoir lui accorder toute ma confiance. »

Même dans un milieu malsain ou hostile, la confiance peut se fonder sur des valeurs parfaitement opposées à celles que je viens de citer, comme la malhonnêteté, la ruse et l'insolence, tant que tout le monde partage ces valeurs. Ainsi le partage des valeurs, quelles qu'elles soient, est la base de tout climat de confiance.

Merci mais non merci

Je me souviens d'un ancien patron dont je respectais généralement les points de vue, mais en qui je n'avais pas vraiment confiance. Pourquoi ? Parce que, comme je l'ai compris plus tard, ses décisions et ses actes étaient fondés sur ce qui était bon pour tous les clients de la société, alors que moi je m'intéressais bien évidemment avant tout aux intérêts de mes propres clients.

Petit à petit, j'ai compris que nos points de vue étaient différents mais complémentaires, j'ai donc mieux réussi à voir les choses dans leur globalité, comme il devait le faire, tout en gardant mon propre point de vue. J'ai parfaitement compris tout cela le jour où je lui ai exposé un rapport sur un sujet que j'avais étudié en profondeur et à l'issue duquel j'ai formulé quelques recommandations. Il m'a alors dit : « Merci. Je suis d'accord avec tout ce que vous avez dit et recommandé. Je ne vais pourtant pas mettre tout cela en œuvre, pour les trois raisons que je vais vous expliquer dans un instant. Mais merci beaucoup pour ce bon travail. »

Est-ce que j'ai été blessé ou furieux ? Absolument pas. Il m'a remercié pour mon travail et il était sincère. Il m'a clairement expliqué les raisons motivant sa décision et elles étaient parfaitement valables de son point de vue. D'où mon respect pour cet homme.

Le respect ici et là-bas

Il y a aussi des différences entre cultures. J'ai remarqué que les Américains, par exemple, accordent bien plus facilement leur confiance à une personne qu'ils viennent de rencontrer que les Anglais. Si un Américain demande à quelqu'un de lui recommander un bon restaurant, il est probable qu'il lui fera confiance et qu'il ira dans le restaurant recommandé. En revanche en Angleterre, il y a peu de chances que l'on aille dans un restaurant qui n'aura pas été recommandé par plusieurs personnes (à moins bien sûr d'avoir un ami à qui on a déjà accordé toute sa confiance dans ce domaine).

Il semble que plus une culture est ancienne, plus les gens éprouvent de la confiance et du respect vis-à-vis de ses institutions et de ses règles, ce qui n'a rien d'étonnant puisque celles-ci existent depuis longtemps. De même, plus les gens et leurs idées s'inscrivent dans la « tradition », plus on a tendance à leur faire confiance.

Dans les cultures plus récentes, les idées novatrices ont davantage tendance à être prisées et on accorde plus volontiers le bénéfice du doute à des inconnus.

Chat échaudé craint l'eau froide

Si le respect et la confiance se gagnent, ils peuvent aussi disparaître si l'on a le sentiment d'avoir été trompé. Il est possible de *pardonner* à une personne qui a agi de telle sorte que vous ne la respectez plus ou ne lui faites plus confiance, mais il est impossible d'oublier ce qu'elle a fait et une fois que le respect ou la confiance a disparu, il est quasiment impossible de faire marche arrière. Perdre confiance en quelqu'un peut être très traumatisant et finalement conduire à une véritable remise en cause de soi. On se dit alors : « Il *m*'a laissé tomber » ou « Il/Elle *m*'a ridiculisé ».

Astuces pour gérer les personnes méfiantes

Pas d'attaques personnelles

Si le manque de confiance ou de respect est justifié par des arguments ayant trait à la personne (au lieu d'avoir trait à son comportement), les critiques peuvent être très blessantes et leur effet quasiment irréversible. C'est le cas par exemple de phrases telles que : « Vous êtes un menteur », « Je n'ai pas confiance en vous » ou « Mais plus personne ne vous croit de toute façon ».

Mettez de côté les attaques personnelles et insistez sur les faits. Ainsi vous pouvez demander : « Mais qu'est-ce que j'ai fait ou dit (qui vous pose un problème)? » ou dire: « Parlons des faits et non des gens s'il vous plaît. Donc qu'est-ce qui ne va pas selon vous dans ce que X a fait? »

De votre côté, évitez de faire des commentaires vexants comme « Vous êtes un menteur » ou « Je n'ai pas confiance en vous ». Restez-en aux faits au lieu de condamner la personne en tant que telle. Il vaut donc mieux dire: « Les résultats que vous nous aviez promis n'ont pas été obtenus » ou « Cela fait X fois que votre société est en retard dans ses livraisons ». Ne dites plus rien après cela. Laissez votre interlocuteur prendre la mesure de ce que vous venez de dire et réagir. Si vous êtes trop mal à l'aise, vous pouvez, après avoir marqué une pause, ajouter quelque chose comme: « Voulez-vous y réfléchir sereinement ou en discuter avec vos collègues avant de revenir me voir avec vos conclusions? »

La balle est dans son camp, pas dans le vôtre

Si quelqu'un ne vous accorde plus son respect ou sa confiance, vous devez essayer d'arranger les choses. Vous pouvez lui demander: « Que dois-je faire pour regagner ton estime/ta confiance? » puis lui donner du temps pour y réfléchir.

Vous obtiendrez peut-être une réponse très précise, comme « Respecter le délai convenu la prochaine fois ou me prévenir largement à l'avance en cas de problème », mais vous risquez aussi de vous heurter à un mur et d'entendre la personne vous répondre: « Je ne pourrai plus jamais vous faire confiance pour quoi que ce soit à l'avenir. » Dans ce cas, vous pouvez essayer de répondre quelque chose comme: « Je comprends que c'est ce que vous ressentez aujourd'hui. Peut-être y a-t-il tout de même une chose précise que je pourrais faire ou dire pour arranger les choses? »

Les trois étapes vers la confiance

Un jour, alors que j'animais une formation, l'un de mes collaborateurs est venu me voir pendant une pause. Il m'a dit qu'il avait discuté avec l'un des participants les plus discrets et que ce dernier lui avait dit une chose qui m'intéresserait peut-être. « Comme je sens que Mike me fait confiance... (longue pause et inspiration profonde), je sens que je peux lui faire confiance... (nouvelle pause et nouvelle inspiration) et donc (pause) je sens que je peux commencer à me faire confiance. »

J'ai repensé à ces mots à de nombreuses occasions par la suite. La confiance se reconstruit petit à petit chez les gens qui ont eu de bonnes raisons de se montrer soupçonneux où que l'on a laissé tomber. Tant qu'elle n'a pas recommencé à se consolider, les gens restent méfiants et sur leurs gardes. Après tout, certaines personnes ont dû subir des propos ou des actes ignobles et il est compréhensible que cela ait réduit à néant leurs réactions instinctives positives vis-à-vis d'autrui. Si leur instinct les a trompés une fois, comment pourraient-ils se faire à nouveau confiance ?

À mon avis, il n'y a rien de pire que les « bons conseils » que l'on prodigue « pour le bien » des gens. C'est le cas de « faites toujours ce que l'on vous dit de faire » ou « Il faut respecter ses aînés et ses supérieurs ». Ces soi-disant bons conseils peuvent être avisés dans certaines circonstances et à un moment donné, mais en faire des généralités ne sert à rien.

Après tout, et même *avant tout*, si l'on ne s'accorde pas soi-même le respect et la confiance, à qui ou à quoi les accorder ? C'est pourquoi je trouve que cette stratégie en trois étapes est intéressante et qu'elle est un bon modèle à suivre pour consolider sa confiance et son respect envers les autres.

44

Les bourreaux de travail

Ce qui nous met hors de nous

Bien souvent, les bourreaux de travail ne nous dérangent pas. Il peut même être bien utile d'en avoir un dans son équipe quand il y a énormément de travail et qu'il veut et peut s'en charger ! Mais cette logique ne marche qu'à court terme. Si une personne travaille tout le temps comme dix, il est probable qu'elle finira par s'épuiser et sa santé ainsi que sa vie de famille risquent d'en pâtir. En outre, avoir un bourreau de travail au sein d'une équipe peut être déstabilisant car les autres risquent de ne plus savoir ce que l'on attend d'eux. Ils peuvent avoir l'impression qu'eux aussi doivent rester travailler tard sans pour autant en avoir l'envie ou la possibilité, etc.

Mais que se passe-t-il ?

Différentes raisons peuvent pousser quelqu'un à travailler de longues journées en ne prenant quasiment jamais de vacances. Il y a des gens qui adorent leur travail et qui y mettent toute leur bonne volonté. D'autres pensent que quelqu'un qui travaille dur est « quelqu'un de bien ». D'autres encore préfèrent, pour une foule de raisons, être au bureau plutôt que passer du temps chez eux. Certaines personnes se voient « refiler le sale boulot » systématiquement sans parvenir à se défendre. D'autres n'arrivent pas à faire tout leur travail en huit heures par jour et ont donc besoin de davantage de temps pour s'en sortir... ou pas d'ailleurs. Il y a des gens qui mettent un point d'honneur à passer plus de temps au travail que les autres, ou qui font tout pour faire croire qu'ils travaillent davantage et plus dur. Par exemple, j'ai eu à une époque un collègue qui laissait toujours une veste sur le dossier de sa chaise à son bureau pour faire croire à ceux qui arrivaient ou qui partaient qu'il était déjà, ou encore, là !

Astuces pour gérer les bourreaux de travail

Quelles que soient les causes expliquant ce comportement, le « remède » est toujours le même. Son but est d'établir des habitudes de travail saines (c'est-à-dire sans stress) pour chaque individu et pour l'équipe dans son ensemble, afin de trouver le bon équilibre entre vie professionnelle et vie personnelle.

Il est évident que chacun voit les choses de son propre point de vue : certaines personnes sont plus énergiques et d'autres ont des obligations extérieures plus contraignantes. Les solutions proposées ci-dessous fonctionnent toutefois dans la plupart des cas.

Les faits

Premièrement, faites le point sur la situation. Par exemple : « J'ai remarqué que vous restiez travailler plus tard que les autres, que vous arriviez plus tôt et qu'il vous arrivait de passer au bureau le week-end, pourtant votre charge de travail n'a pas tellement changé me semble-t-il. Pouvons-nous en discuter un instant ? Que se passe-t-il exactement ? »

Deuxièmement, ne lâchez pas prise. N'acceptez pas un simple : « Tout va bien » car vous devez vérifier ce qu'il se passe exactement. Comme nous l'avons déjà dit, trop travailler peut avoir des conséquences graves pour la personne concernée, pour son équipe et pour sa famille.

Troisièmement, prenez connaissance de la charte ou de la politique de votre société en termes d'équilibre entre vie professionnelle et vie privée (il peut exister un document portant sur ce sujet). Vous pourrez ainsi discuter avec la personne de :

- vos inquiétudes ;
- sa situation ;
- ce qui est prévu, le cas échéant, par la société.

Vous pourrez alors négocier en vue de trouver une solution acceptable pour tous, par exemple : « Je veux bien que vous continuiez comme cela pendant une quinzaine de jours puisque votre conjointe s'est absentée et que vous vous sentez désœuvré quand vous rentrez chez vous le soir. Nous en reparlerons tel jour (il est important de fixer une date), d'accord ? » ou « Je me charge de parler à X de ce problème de travail qui n'est pas fait et je lui dirai bien qu'il ne doit pas attendre de vous que vous travailliez à sa place » ou encore « Vous êtes donc d'accord pour partir à l'heure le soir, sans vous inquiéter de savoir si d'autres partent plus tard ? » ou enfin « Il faut que nous revoyions votre description de poste puisque des changements récents se sont produits. Voulez-vous me soumettre vos propositions ou préférez-vous que je me penche moi-même sur la question ? »

À Budapest

À une époque j'ai travaillé avec un groupe de jeunes stagiaires hongrois tout droit sortis de l'université. Il y avait manifestement quelque chose qui les chiffonnait et, finalement, l'un d'entre eux m'a demandé très timidement : « Mike, si on a fini son travail, on peut rentrer chez soi ? » Je leur ai demandé à tous de me regarder droit dans les yeux, sans se jeter de coups d'œil aux uns et aux autres, et de lever la main s'ils pensaient que :

1. C'est important de bien faire son travail.
2. C'est important d'avoir une vie sociale et familiale.
3. Quand on a fini son travail de la matinée/de la journée/de la semaine, il est normal de penser à sa vie sociale et familiale, et donc de quitter son bureau.

Comme on pouvait s'y attendre, ils ont tous levé la main avec enthousiasme pour signifier qu'ils étaient d'accord avec ces trois affirmations. Après la troisième, je leur ai demandé de regarder autour d'eux pour voir si d'autres personnes avaient levé la main. Les bras sont restés en l'air et les yeux se sont écarquillés d'étonnement. Chacun des stagiaires était très surpris de constater que tous les autres pensaient comme lui.

Tout le monde étant d'accord sur le fait qu'il était normal de rentrer chez soi une fois que l'on avait vraiment fini son travail, l'étape suivante a consisté à décider comment mettre ce principe en pratique. J'ai demandé à tous ces jeunes gens comment ils avaient l'habitude de procéder. Ils m'ont répondu qu'ils trouvaient des choses à faire pendant aussi longtemps que possible, puisque les autres avaient l'air de continuer à travailler. Ensuite, prenant leur courage à deux mains, ils se glissaient hors de leur bureau aussi silencieusement et aussi discrètement que possible. Et, pendant tout ce temps, invariablement, ils éprouvaient un terrible sentiment de culpabilité.

C'est là-même que se trouvait la solution. « Quel est le contraire de "se sentir coupable" ? » ai-je demandé. Tous ont répondu d'une même voix que c'était « se sentir fier ». Nous avons donc réfléchi à des phrases à dire pour se sentir bien en quittant le travail. Parmi celles que les stagiaires ont trouvées, il y avait notamment :

- « J'ai fini, bonne soirée tout le monde ! »
- « J'y vais, bientôt l'heure du dîner. Bonsoir ! »
- « Je sors déjeuner, à tout à l'heure ! »

Et même simplement :

- « Au revoir tout le monde ! »

Jacques a un problème ?

Au sein d'une équipe où régnait un climat de forte concurrence, Jacques était toujours le premier à garer sa voiture dans le parking de la société le matin et le dernier à partir le soir. Petit à petit, les autres membres de l'équipe ont commencé à suivre son exemple en arrivant très tôt et en repartant très tard. Après quelques semaines à ce rythme effréné, tout le monde était épuisé, la vie personnelle de tous ces gens en pâtissait, de même que la qualité de leur travail.

Comment mettre un terme à ce cercle vicieux ? Le patron de Jacques a fait appel à un consultant pour résoudre ce problème, sous couvert d'un autre soi-disant projet à mener avec cette équipe. Ce consultant s'est rapidement aperçu du fait que les membres de l'équipe avaient pris l'habitude de se retrouver dans un café le matin avant même que commence la journée de travail ! Il est donc lui aussi allé dans ce café juste après son ouverture un matin et, peu après, un autre membre de l'équipe est arrivé, très étonné de trouver là le consultant. Lorsqu'il lui a demandé ce qu'il faisait là, ce dernier lui a répondu qu'il s'inquiétait pour Jacques. Est-ce qu'il avait un problème qui justifiait son incapacité à faire son travail pendant les heures de bureau ? Il voulait juste en discuter avec les collaborateurs de Jacques avant que le patron décide de prendre des mesures.

Le lendemain matin, un autre membre de l'équipe est arrivé le premier et a reçu le même message, tant et si bien que petit à petit, tout le monde a su que le fait de ne pas être capable de faire son travail pendant des heures de bureau normales faisait en fait mauvaise impression. Mission accomplie !

45

Les béni-oui-oui

qui semblent toujours être d'accord avec tout le monde et n'avoir aucune opinion.

Ce qui nous met hors de nous

Impossible d'obtenir un avis honnête de ces gens. Cela peut être très frustrant car si l'on ne sait pas quelle est leur position, il est difficile de trouver la sienne.

Quand on leur demande ce qu'ils pensent, ce qu'ils veulent ou ce qu'ils préfèrent, la plupart du temps leur réponse consiste à dire quelque chose comme : « Et vous qu'en pensez-vous ? », « Comme vous voulez », « Je ferai comme tout le monde » ou « Tout ce que vous direz/voudrez/ferez m'ira très bien ».

Stop au oui

J'ai travaillé au Japon à une époque, au sein d'une grande multinationale. Un jour, un de mes collègues, qui était allemand et habituellement impassible, s'est mis à hurler sur nos collaborateurs japonais : « Je n'en peux plus que vous soyez toujours d'accord avec ce que je dis. Je veux davantage d'échanges. Je veux

que vous remettiez mes idées en question. Je veux (et là sa voix était tellement aiguë que cela faisait mal à entendre) que vous arrêtiez de dire OUI TOUT LE TEMPS ! »
Après quelques secondes de silence étonné, l'un de nos collègues japonais, qui voulait bien faire comme toujours, a provoqué une véritable tornade en répondant poliment : « Oui monsieur. »

Mais que se passe-t-il ?

De nombreux facteurs peuvent entrer en jeu :

- Certaines personnes ont toujours entendu qu'il ne fallait jamais contredire ses aînés, ni ses supérieurs, c'est donc ce qu'elles font.
- D'autres ont peut-être vécu des expériences qui les ont convaincues du fait que leur opinion ne vaut rien, qu'elle ne compte pas ou que mieux vaut « ne pas se mouiller ».
- Beaucoup de gens croient que « le client a toujours raison » et veulent respecter ce principe en toutes circonstances, même si c'est contre leurs intérêts ou ceux de la société pour laquelle ils travaillent.
- Enfin, il peut nous arriver à tous un jour ou l'autre de nous trouver dans l'embarras face à quelqu'un qui nous aboie dessus : « Oui ? C'est bon ? C'est clair ? » et de répondre « Oui » sans bien nous rendre compte de ce que nous disons. C'est alors que nous reprenons nos esprits, que nous prenons conscience du piège dans lequel nous sommes tombés en convenant d'une chose avec laquelle nous sommes en parfait désaccord.

Astuces pour gérer les béni-oui-oui

Rien ne vaut l'honnêteté

Ces gens doivent être honnêtes. Sans être brutaux ou vexants, mais simplement honnêtes. Après tout, si leur bouche dit « Oui », alors que leur expression corporelle crie « Non » ou chuchote « Je ne suis pas sûr », leurs interlocuteurs recevront ces messages confus.

Les conseils que l'on donne aux enfants comme « Ne parle que si l'on s'adresse à toi » ou « Approuve ce que disent tes aînés et ceux qui savent mieux que toi » sont peut-être utiles à un moment donné, mais ils ne sont pas nécessairement avisés pour toutes les circonstances de la vie ! Les béni-oui-oui doivent apprendre à écouter leur instinct et à réfléchir par eux-mêmes.

Vous pouvez donc leur suggérer de dire tout simplement et honnêtement ce qu'ils ressentent. Par exemple : « J'aimerais dire oui pour vous faire plaisir, mais je préfère y réfléchir avant de vous répondre. »

Vous pouvez également leur proposer de demander des explications à leurs interlocuteurs sur ce qu'ils leur demandent ou attendent d'eux exactement. Par exemple : « Voulez-vous que je vous dise que je suis d'accord avec vous ou voulez-vous un avis honnête, ou peut-être attendez-vous autre chose de moi ? »

Regardez-vous dans la glace

Nous devons aussi parfois admettre que nous sommes les fautifs car il peut nous arriver de tout faire pour obtenir le « oui » que nous voulons entendre. À nous de faire en sorte d'obtenir de vraies réponses en changeant notre façon de poser des questions. Pour ce faire, nous pouvons poser des questions un peu plus intelligentes que « Oui ? C'est bon ? C'est clair ? », puisque la plupart des gens qui se sentent embarrassés ont tendance à répondre la première chose qui leur vient à l'esprit sans trop réfléchir. Et c'est ainsi qu'ils bredouillent un vague « Oui » ou « D'accord » ou encore « C'est très clair » alors que la panique les envahit.

Nous pouvons plutôt demander : « Que pensez-vous de ceci ? » ou « Pourriez-vous réfléchir à cette question et me faire part des avantages et des inconvénients ? »

Nous pouvons regarder la personne qui nous dit « Oui » et vérifier son langage corporel, la manière dont elle nous regarde, pour nous assurer que son oui en est bien un.

Nous pouvons même lui demander, au calme, comment nous pouvons l'aider à s'exprimer plus librement, en l'invitant à nous dire exactement ce qui, dans *notre* comportement, l'en empêche.

À découvrir chez le même éditeur :

John Caunt

John Caunt

Phil Clements

Patrick Forsyth

Michael Armstrong

David Mc Mullan

Rupert Eales-White

Sue Bishop

Daniel Porot

Daniel Porot

Andrew Bradbury

Roy Liley

Mike Leibling

David Oliver

Noah J. Goldstein
Steve J. Martin
Robert B. Cialdini

Jo Owen

Kevin Duncan

Lynne Eisaguirre

Jean-François Ruiz

éditions
EXPRESS ROULARTA

29, rue de Châteaudun
75308 Paris Cedex 09

Directeur délégué
Sébastien Loison

Éditrice
Nathalie Riché

Secrétariat d'édition
Aurélie Le Guyader

Révision
Véronique Matrat

Graphisme couverture
Philippe Marchand/OLO

Maquette, mise en page
Nord Compo

Partenariats
Karine Welter

Fabrication
Catherine Pegon

Relations Presse
Aurélie Le Guyader avec VP Communication
ahschlosser@vp-communication.com

Achevé d'imprimer en janvier 2012
par Grafica Veneta S.p.A.
Trebaseleghe (Italie)
Dépôt légal : février 2012

ISBN : 978-2-84343-868-4